D1065931

LAISSEZ-NOUS VIEILLIR !

Du même auteur

À quoi ça sert de grandir ? – Histoires d'enfants de la DPJ et des services sociaux, Libre Expression, 2011.

Vivre – Dix-neuf ans après la tragédie de la Polytechnique, Monique Lépine, la mère de Marc Lépine, se révèle, Libre Expression, 2008.

HAROLD GAGNÉ
LAISSEZ-NOUS VIEILLIR !

Libre Expression

Une société de Québecor Média

Catalogage avant publication de Bibliothèque et Archives nationales du Québec et Bibliothèque et Archives Canada

Gagné, Harold
    Laissez-nous vieillir!
    Comprend des références bibliographiques.
    ISBN 978-2-7648-0791-0
    1. Personnes âgées - Québec (Province). 2. Vieillissement. I. Titre.
HQ1064.C3G33 2013   305.2609714   C2013-941737-0

Édition : Johanne Guay
Révision linguistique : Emmanuel Dalmenesche
Correction d'épreuves : Isabelle Lalonde
Couverture : Axel Pérez de León
Grille graphique intérieure : Louise Durocher
Mise en pages : Axel Pérez de León
Photo de l'auteur : Sarah Scott

Remerciements
Nous reconnaissons l'aide financière du gouvernement du Canada par l'entremise du Fonds du livre du Canada pour nos activités d'édition.
Nous remercions le Conseil des Arts du Canada et la Société de développement des entreprises culturelles du Québec (SODEC) du soutien accordé à notre programme de publication.
Gouvernement du Québec – Programme de crédit d'impôt pour l'édition de livres – gestion SODEC.

Les Éditions Libre Expression
Groupe Librex inc.
Une société de Québecor Média
La Tourelle
1055, boul. René-Lévesque Est
Bureau 300
Montréal (Québec) H2L 4S5
Tél. : 514 849-5259
Téléc. : 514 849-1388
www.edlibreexpression.com

Dépôt légal – Bibliothèque et Archives nationales du Québec et Bibliothèque et Archives Canada, 2013

ISBN : 978-2-7648-0791-0

Distribution au Canada
Messageries ADP
2315, rue de la Province
Longueuil (Québec) J4G 1G4
Tél. : 450 640-1234
Sans frais : 1 800 771-3022
www.messageries-adp.com

Diffusion hors Canada
Interforum
Immeuble Paryseine
3, allée de la Seine
F-94854 Ivry-sur-Seine Cedex
Tél. : 33 (0) 1 49 59 10 10
www.interforum.fr

Ce livre est dédié à ma fille, Carole-Ann.
Que ta vie soit longue et belle !

Et aussi à Louise. Puisses-tu vivre au moins jusqu'à
95 ans et soigner encore longtemps les personnes âgées !

À la mémoire de ma grand-mère Illumina Gauthier, qui m'a appris à respecter et à aimer les personnes âgées.

Nous vieillissons tous. Personne n'y échappe. Impossible de reculer. Nous serons de plus en plus nombreux à vivre très longtemps. J'espère être du lot et en profiter au maximum en donnant de la vie aux années plutôt que des années à la vie. Je ne suis pas effrayé par la vieillesse même si elle peut s'accompagner de maladies et de limitations physiques et intellectuelles. Je m'inquiète cependant de la façon dont, trop souvent, notre société traite les personnes les plus âgées. C'est pour cette raison que j'ai voulu écrire ce livre.

Il faut que je vous fasse une confidence. Je viens de fêter mes 54 ans et, là où j'habite, je suis pour l'essentiel entouré de personnes âgées. J'y trouve d'énormes avantages. Comparé à mes voisins de 70 et 80 ans, je ne me suis jamais senti aussi jeune. Ils sont majoritairement respectueux, se couchent la plupart du temps de bonne heure et ne font jamais de bruit. Ils ne courent pas dans les corridors et ne me réveillent pas en tondant leur pelouse très tôt les matins d'été.

Le seul reproche que je pourrais faire à certains d'entre eux, c'est de trop avoir le temps d'être curieux et de poser des questions indiscrètes. Je ne m'en offusque pas vraiment. Je mets ce comportement sur le compte de l'ennui. Plusieurs reçoivent régulièrement la visite de leurs enfants, de leurs petits-enfants. D'autres n'en ont pas et passent leurs journées dans la solitude. Je deviens donc, de temps en temps, une distraction et une curiosité, surtout quand ils s'intéressent à mon travail de journaliste à la télévision.

Il y a dix ans, je ne savais pas que le premier édifice où je m'apprêtais à louer un logement était un havre de retraités. Je ne m'en suis aperçu que progressivement, en croisant dans le stationnement, devant les boîtes aux lettres, une personne âgée, puis deux, puis trois. Avant de me rendre compte que tous les résidants avaient un certain âge. Je craignais de m'ennuyer, mais je ne me suis jamais autant amusé !

Je n'oublierai jamais cette soirée magique d'hiver, pendant laquelle une de mes voisines m'a suivi dans la cour extérieure pour admirer une famille de chevreuils en train de se régaler de haies de cèdre. À plus de 80 ans, elle avait oublié son âge, enfilé ses bottes et un vieux manteau par-dessus sa jaquette de flanelle, et riait comme une fillette heureuse d'essayer de jouer avec les cervidés peu effarouchés.

Je me suis souvent demandé si elle pensait encore à ce merveilleux moment, quelques jours plus tard, quand elle s'est allongée sur son sofa pour faire sa sieste habituelle de l'après-midi. Son rêve devait être si beau qu'elle n'a plus jamais voulu se réveiller. Après son décès, il m'est arrivé, étrangement, de réentendre son rire de petite fille quand les chevreuils revenaient dans la cour. Je n'ai jamais pu oublier, non plus, la voix grave de Wallace, mon concierge de l'époque, qui me racontait que les animaux ont des pouvoirs que nous ignorons. Ils sont en quelque sorte le prolongement de notre vie.

Wallace Cleary était amérindien et avait quitté sa réserve de nombreuses années auparavant pour aller travailler plus au sud. Il avait conservé dans son cœur toutes les coutumes ancestrales des Innus du Lac-Saint-Jean. La première fois que nous nous sommes rencontrés, il n'a pas souri un seul instant, me dévisageant de ses puissants yeux d'aigle incrustés dans son visage ridé comme un vieux tronc d'arbre. Ironiquement, je l'avais alors baptisé en secret « Monsieur Sourire ». Il ne l'a jamais su. Nous avons ensuite fait plus ample connaissance et nous nous sommes apprivoisés mutuellement. Il s'est alors lui aussi mis à rire comme un enfant, surtout quand il me racontait ses incroyables histoires de chasse au gros gibier dans les forêts nordiques.

Il profitait toujours du moment où je lavais mon automobile, dans le garage, pour venir discuter avec moi. Il ne s'étonnait pas que j'aie donné un nom à ma vieille Toyota, comme si elle avait été une amie en chair et en os. Il souriait en me répétant que du sang amérindien coulait certainement dans mes veines puisque, pour les siens, tous les objets, des pierres jusqu'aux arbres, sont vivants, comme l'ont enseigné les anciens.

À 73 ans, il était plutôt en bonne santé et souhaitait travailler encore durant quelques années malgré la lourdeur de ses tâches. Il ne craignait pas la mort, convaincu qu'on ne disparaît jamais complètement. Sa seule peur était de souffrir, de se retrouver dans un hôpital ou un CHSLD. Il voulait partir subitement pour ne pas avoir à perdre sa fierté.

Son souhait a été exaucé. Un matin, en me levant, j'ai appris qu'il était mort dans son lit, à la suite d'une hémorragie cérébrale. J'avais de la peine, beaucoup de peine, preuve que l'amitié n'a pas d'âge. Quelques jours après son décès, son épouse a aperçu sur son balcon un corbeau qui marchait, l'air fier, en la regardant.

— Aussi curieux que cela puisse paraître, m'a-t-elle dit, de son vivant Wallace avait la même démarche que cet oiseau. Il est peut-être revenu me faire ses adieux de cette façon pour me démontrer la force des croyances de son peuple !

Wallace répétait souvent qu'il est important de croire. Lorsqu'il écoutait mes reportages sur les services offerts aux aînés dans notre système de santé, il était convaincu que je pouvais aider à changer les mentalités, à améliorer le sort de ceux que nous reléguons trop fréquemment à des centres d'hébergement pour nous débarrasser d'eux. Il m'avait fait promettre de continuer à en parler publiquement.

« Monsieur Sourire », s'il est vrai que nous ne mourons jamais, comme vous me l'avez dit, vous serez heureux de constater, là où vous êtes, que je respecte le pacte que nous avons conclu avant votre dernier grand voyage. J'espère parler du vieillissement aussi sagement et respectueusement que vous le faisiez lors de nos conversations, quand vous réclamiez le droit de vieillir en paix.

Plusieurs personnes m'ont aidé. Je remercie les médecins, coroners, avocats, infirmières, préposées, familles, gens du troisième âge, qui ont accepté de collaborer à ce projet.

Merci, en particulier, à Jean Béliveau, Janette Bertrand, Yvon Deschamps, Lise Payette, Claude Poirier et sœur Angèle, ces personnalités très connues, qui ont accepté de partager avec moi leur intimité. Tous ont pris le temps de me parler et m'autorisent à publier leurs réflexions sans rien me demander en retour. Ils veulent simplement que leurs propos nous aident à réfléchir, car un jour, il se pourrait bien que nous soyons à notre tour des personnes âgées.

Harold Gagné
mai 2013

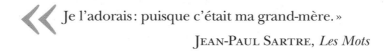 Je l'adorais : puisque c'était ma grand-mère. »

JEAN-PAUL SARTRE, *Les Mots*

— Je suis là ! Je vais prendre soin de toi ! Je ne veux pas que tu souffres !

Elle était couchée sur le dos et ne bougeait pas. Je craignais qu'elle soit morte. Prisonnière de son corps rongé par le mal, elle a donné signe de vie après quelques secondes en hochant péniblement la tête. Je pleurais en silence de la voir si affaiblie. Ses yeux restaient fermés, mais elle ressentait mon désarroi. Je l'ai compris quand j'ai approché ma main de la sienne et qu'elle l'a serrée aussi fort qu'elle le pouvait. Je suis resté près d'elle durant de longues minutes à la regarder respirer de plus en plus difficilement, à l'observer s'éteindre. J'avais 14 ans et je me posais beaucoup de questions sur la mort.

C'était une nuit froide d'automne, en 1973. J'étais debout, à la droite du lit d'hôpital de ma grand-mère, humectant ses lèvres brûlantes avec une débarbouillette mouillée. Je venais de glisser un glaçon sur sa langue pour atténuer sa soif. Quelques jours auparavant, elle réussissait encore à boire un peu avec une paille, mais elle n'avait désormais plus la force de le faire. De toute manière, son corps décharné ne pouvait absorber aucun aliment, pas même un breuvage. Elle ne pouvait plus parler, n'émettait plus de temps à autre que des gémissements. Je n'entendrais plus sa voix, si convaincante quand elle me disait avec un brin de fierté de me comporter comme un homme responsable envers les autres. Une partie de ce qu'elle était nous avait déjà quittés, ce qui nous préparait lentement au deuil.

Ma mère, mon grand-père, mes tantes se relayaient continuellement à son chevet. Je restais, moi aussi, durant de longues heures à la veiller, convaincu que je pouvais aider. Quand la fatigue s'emparait de nous et que nos paupières devenaient trop lourdes, nous somnolions à tour de rôle, à quelques mètres de sa chambre, au bout d'un long corridor sombre, dans un petit salon meublé de tables et de vieilles chaises de cuirette inconfortables. Au moindre bruit, celui que faisaient les souliers de cuir blanc des infirmières sur le terrazzo ou les cris de douleur sporadiques des nombreux patients, nous sursautions. Parmi ces sons inhabituels et inquiétants, résonnant sans cesse dans l'unité de soins, au milieu du tintement des cloches d'appel actionnées par les malades, nous réussissions à détecter les geignements de plus en plus étouffés de ma grand-mère. J'accourais dès que je l'entendais. Souvent, je relevais sa tête et je plaçais un contenant de métal sous son menton pour qu'elle régurgite.

La fin était proche et l'agonie se prolongeait inexorablement dans la souffrance la plus intense. Chaque jour, chaque minute, chaque seconde, chaque instant devenait long et insupportable. J'aurais voulu porter une partie de son mal et je priais pour qu'elle parte, maintenant qu'il n'y avait plus rien à faire. Lorsqu'on demandait à son jeune médecin, qui venait la voir de temps en temps, enveloppé dans sa blouse de laboratoire pour se protéger des microbes, combien de temps elle allait vivre, il nous regardait, l'air songeur, et mettait du temps à répondre qu'il ne le savait pas. À chacune de ses dernières visites, il semblait surpris de constater qu'elle n'avait pas encore rendu l'âme et ne cessait de vanter son extraordinaire résistance physique. Mal à l'aise, parce qu'il était incapable d'en faire davantage pour elle, il disparaissait au bout de quelques minutes pour poursuivre sa ronde en s'engouffrant dans la chambre voisine.

En ce temps-là, les soins palliatifs n'existaient pas au Québec. Les cancéreux agonisaient au milieu des autres patients angoissés, sans recevoir, comme aujourd'hui, des médicaments pour éviter qu'ils souffrent. L'approche médicale de la fin de la vie était liée à l'enseignement catholique de l'époque. On croyait probablement que de tels remèdes, ô sacrilège, abrégeraient l'existence et se substitueraient à la volonté de Dieu. Les mourants devaient expier leurs péchés dans la douleur. La science ne devait absolument pas donner l'impression qu'elle aidait à mourir. Nul n'osait prononcer le mot « euthanasie ».

Il n'était même pas question de parler de la mort. Personne n'avait voulu dire à ma grand-mère que ses jours étaient comptés, même pas son médecin. Ça ne se faisait pas ! Tout était caché. Cette femme forte, qui ne se plaignait jamais, a attendu beaucoup trop longtemps avant d'obtenir une consultation pour des maux de ventre anormaux qui la tenaillaient depuis des mois. Quand elle a finalement demandé de l'aide, il était trop tard. Le cancer rongeait ses intestins.

L'intervention chirurgicale fut brève.

— Ils ont ouvert son ventre et l'ont refermé, nous a dit mon grand-père, sur un ton résolu. Il n'y a plus rien à faire !

J'ai beaucoup pleuré en entendant ce verdict sans appel, car j'étais très proche de ma grand-mère. Je l'ai imaginée, conduite tôt le matin dans le corridor menant au bloc opératoire. Pendant qu'un préposé poussait sa civière, dont les roues de métal grinçaient, elle devait avaler sa salive pour résister à la tentation de crier tout le mal qui lui perçait le ventre. Pas un seul instant elle n'a cru que ce couloir froid et austère, qui sentait le désinfectant et le chloroforme à plein nez, allait la mener vers le chirurgien qui confirmerait sa condamnation à mort. Après l'intervention, abrégée par les limites de la médecine, une longue période d'hospitalisation a commencé pour ma grand-mère. Tous lui disaient que l'opération s'était bien déroulée et que la guérison serait rapide. Elle est ensuite revenue à la maison, pour la dernière fois, le temps d'un court séjour. Mon grand-père avait donné à la famille et à la parenté la consigne de ne jamais lui dire qu'elle allait mourir. J'ai bien failli ne pas tenir parole.

Un après-midi qu'elle était allongée dans son lit et que je lui tenais compagnie, elle m'a parlé de ce que nous ferions ensemble quand elle serait à nouveau sur pied. Nous irions à la pêche à la truite, comme nous le faisions lorsque j'étais petit. Elle a fermé les yeux un instant et j'ai eu l'impression qu'elle se revoyait dans sa chaloupe, ramant sur un lac si calme qu'il réfléchissait comme un miroir les arbres le ceinturant et le bleu éblouissant d'un ciel sans nuages. Elle pensait peut-être à l'orignal majestueux avec son large panache, qui était allé se baigner en nous ignorant alors que nous approchions très lentement de lui en laissant glisser l'embarcation au milieu des nénuphars. Elle m'avait alors fait signe de me taire, afin de ne pas l'effrayer, et nous avions passé plusieurs minutes, à quelques mètres de lui, à le contempler.

Ses paupières se sont ouvertes. Elle m'a regardé avec un sourire complice et m'a fait un clin d'œil. Elle semblait heureuse et s'est mise à me parler de sa succulente sauce à spaghetti que je réclamais souvent quand je lui rendais visite et qu'elle promettait de cuisiner à nouveau bientôt. Nous discutions de toutes ces petites choses qui rendent la vie plus belle quand on est malade et qu'on trouve ordinaires quand on déborde de santé.

En la voyant si convaincue de recouvrer la santé, je n'ai pu m'empêcher de penser que j'étais hypocrite. J'avais envie de lui dévoiler toute la vérité si elle me jurait de n'en parler à personne. Ce serait notre secret, comme ceux que je lui confiais quand j'étais bambin : elle ne les répétait jamais à mes parents pour éviter qu'ils me disputent quand je faisais un mauvais coup. J'étais sur le point de passer aux aveux lorsque la porte de la chambre s'est ouverte. Mon grand-père était devant moi et me demandait de venir dîner. J'ai baissé la tête, l'air coupable, convaincu qu'en me regardant droit dans les yeux il avait deviné ce que j'avais derrière la tête. Je suis certain qu'il m'en aurait toujours voulu si j'étais allé au bout de mes intentions.

Je me suis rapidement rendu compte que je n'avais pas besoin de dire à ma grand-mère ce qui allait se passer. Elle le savait très bien et le ressentait dans sa chair et son esprit. Elle jouait elle aussi la comédie pour éviter de nous faire de la peine. Pendant les jours précédant son départ, après avoir reçu le sacrement des malades, elle a confié à ma mère qu'elle était consciente depuis longtemps que la fin était proche.

— Je ne veux pas faire de peine à ton père, avait-elle murmuré, les larmes aux yeux. Ne lui dis rien !

Ses aveux l'ont probablement aidée à partir en paix. Elle avait partagé son lourd secret et fait ses adieux à au moins une personne qui l'aimait et la comprenait. Elle est décédée quelques nuits plus tard. Je venais de quitter l'hôpital avec mon grand-père tandis qu'une de mes tantes prenait la relève. Les infirmières nous avaient convaincus d'aller nous reposer, certaines que la mort ne frapperait pas tout de suite. Nous étions à peine arrivés à la maison lorsque le téléphone a sonné. Ma grand-mère venait de mourir. Ce fut un choc, même si nous nous y attendions. Nous sommes aussitôt retournés près d'elle.

On ne peut pas savoir à l'avance comment on va réagir face à la disparition d'un être cher. Mon grand-père, lui, a explosé de colère. Je ne l'avais jamais vu dans un état pareil. Il criait qu'il aurait voulu être auprès de sa femme lorsqu'elle a poussé son dernier soupir. Il s'en est pris aux infirmières médusées et leur a reproché de ne pas avoir prévu le moment de sa mort. Comment auraient-elles pu savoir ? Je tentais de le convaincre de ne pas hurler. Il ne m'écoutait pas. Sa voix résonnait près du poste de garde, réveillant la plupart des malades. Il s'est finalement tu après quelques minutes et est allé constater que ma grand-mère était bien morte. Il est ressorti presque aussitôt de la chambre, penaud, le visage pâle et les larmes aux yeux. Il s'est précipité vers le salon, au bout du corridor, pour ne pas montrer qu'il pouvait lui aussi avoir de la peine. C'était la première fois que je le voyais pleurer.

C'est alors qu'une des jeunes infirmières, celle qui était la plus tendre avec ma grand-mère, et qui portait mieux que toutes les autres la coiffe et l'uniforme blancs, m'a demandé si je désirais me recueillir près de son corps. J'ai hésité un court instant, puis j'ai poussé la lourde porte, me retrouvant seul avec celle que j'avais tant aimée.

Je me suis approché, lentement. Elle était allongée sur le dos. Un léger drap blanc la recouvrait jusqu'au cou. Ses mains étaient jointes sur son ventre enflé. Sa tête reposait, calée entre deux oreillers. Son visage était émacié et sa bouche encore plus difforme parce qu'elle ne portait pas ses dentiers. J'ai touché sa main, comme je l'avais souvent fait pour me rapprocher d'elle durant les derniers jours, et le froid que j'ai ressenti m'a fait légèrement reculer. J'étais convaincu qu'elle pouvait encore m'entendre. Je lui ai simplement dit à voix haute que je l'aimais beaucoup et que je tenterais de faire quelque chose de bien de ma vie parce c'est ce qu'elle voulait. J'ai regardé le crucifix de bois qui surplombait son lit de métal et j'ai prié quelques secondes. Je ne sais pas pourquoi, mais j'ai fixé le plafond avant de la quitter. Elle était peut-être en suspension dans cette pièce austère, extirpée de sa chair et de ses os qui l'avaient fait tant souffrir durant les derniers mois. Un frisson a parcouru mon dos. J'avais l'impression qu'elle y posait sa main une dernière fois pour me réconforter. Puis, je suis sorti de cette chambre, qui était devenue depuis trop longtemps le prolongement de ma maison, pour retrouver mon grand-père, redevenu calme. Il sanglotait près des escaliers.

Il ne nous restait plus qu'à retourner chez nous. Je me sentais coupable d'abandonner ma grand-mère, même si je savais que seule son enveloppe charnelle demeurait derrière nous. Lorsque j'ai mis les pieds dehors, j'ai pris une profonde respiration, pour tenter de me décharger d'une partie de ma fatigue et de ma tristesse. Le ciel était rempli d'étoiles. Je me suis dit que si l'une d'entre elles se mettait à scintiller, cela voudrait dire que grand-maman l'habitait déjà, car elle avait gagné son ciel. D'un seul coup, un astre s'est mis à clignoter, comme si elle me faisait un clin d'œil d'en haut pour me dire qu'elle avait atteint le paradis. C'est étrange, tout ce qu'on peut s'imaginer quand un de nos proches disparaît et qu'on ne comprend rien à ce qui nous arrive.

Il devait être environ 3 heures du matin, et la ville dans laquelle nous circulions en voiture, mon grand-père et moi, était aussi vide que nos cœurs. Il n'a pas dit un mot durant tout le trajet. J'aurais voulu le consoler, mais j'avais trop de peine pour essayer. Il soupirait. Il avait beaucoup vieilli durant les dernières semaines. Je le regardais conduire, perdu dans mes pensées. Tout ce que ma grand-mère m'avait transmis demeurerait ancré en moi et ferait partie de ma personnalité. Je ressentais sa présence à nos côtés même si, physiquement, elle n'était plus là. Cela ressemblait à la sensation bizarre que j'ai ressentie pour la première fois à l'âge de 5 ans, lorsque j'ai perdu deux phalanges dans un accident. Mon cerveau voulait me convaincre qu'ils faisaient encore partie de moi, alors qu'en réalité ce n'étaient plus que des fantômes. Mon grand-père devait se sentir amputé, lui aussi. Ce ne serait pas facile pour lui de réapprendre à vivre, après avoir passé quarante et un ans avec la femme qui avait tout fait pour lui, tout le temps. Débrouillarde, ma grand-mère fonçait, quels que soient les difficultés et les obstacles. Entraîné par sa détermination, mon grand-père se tenait constamment derrière elle pour sentir sa protection.

Ce besoin d'appui, on le devine déjà sur leurs premières photographies en noir et blanc. Une des plus anciennes date de 1932, peu après leur mariage. Ils sont debout, sur le balcon de la maison des parents de ma grand-mère, entourés de plusieurs personnes, dont quelques enfants. Elle a la fraîcheur et la beauté de ses 22 ans, avec son regard charmeur, ses cheveux longs et bouclés, son chapeau à la mode. Je tente de deviner la couleur de sa robe, qui lui descend jusqu'aux mollets, sous un manteau léger. Dans sa main gauche, le long de son corps, elle tient le chapeau de mon grand-père. Elle a dû lui conseiller de l'enlever pour qu'on aperçoive ses cheveux courts, fraîchement coupés et laqués, peignés sur le côté. Lui, entoure maladroitement de son bras le cou de sa jeune épouse. Sur ce cliché, comme sur plusieurs autres que j'ai conservés, il se dissimule derrière elle pour ne laisser voir que son visage, sérieux malgré ses 21 ans.

Il n'a pas perdu cet air réfléchi avec le temps. Dans la pâle lueur de sa lampe de chevet, la nuit du décès de ma grand-mère, ses traits avaient beau être tirés, ils ressemblaient à ceux qu'il avait sur cette photographie. Il avait bien vieilli et ne faisait pas son âge avec ses cheveux épais, légèrement grisonnants.

— Je regrette le passé et je serais prêt à tout recommencer. Malheureusement, on ne peut pas revenir en arrière !

J'avais l'impression que j'avais l'éternité devant moi pour savourer mon existence, alors je n'ai rien répondu et je lui ai conseillé de dormir.

J'ai eu beaucoup de difficulté à trouver le sommeil. Je fermais les yeux et je voyais défiler dans ma tête plusieurs moments vécus avec ma grand-mère. Un souvenir profondément enfoui dans ma mémoire me revenait. Je devais avoir 6 ou 7 ans. J'avais mal à la tête et au cœur. Je m'étais écrié que j'allais mourir !

— Tu vas souffrir beaucoup plus que ça quand tu vas mourir, m'a-t-elle dit sans méchanceté.

J'étais tellement malade que je ne pouvais pas croire qu'on puisse souffrir davantage. Ses paroles m'ont fait craindre la mort pour la première fois. Je me suis mis à fuir comme la peste tout ce qui m'y faisait penser. Lorsqu'il m'arrivait de passer devant le salon funéraire en revenant de l'école, je me mettais à courir de crainte d'y être attiré par des êtres maléfiques. Cette peur de mourir dans un supplice m'habite encore et j'ai constaté, au fil de mes reportages à la télévision avec des personnes très malades, que nous sommes nombreux à éprouver ce sentiment. Chaque fois que j'ai une pensée pour ma grand-mère, je me dis qu'elle a dû endurer un véritable calvaire avant de partir.

Deux jours après son décès, son corps a été exposé au salon mortuaire (on a longtemps dit «mortuaire», plutôt que «funéraire», dans la petite ville gaspésienne d'où je suis originaire). Elle semblait endormie paisiblement dans sa plus belle robe. Son cercueil était placé devant un grand tableau représentant un paysage champêtre, entouré de nombreux bouquets de fleurs qui dégageaient des parfums d'œillets. Toute la parenté et ses nombreux amis étaient venus. C'était réconfortant pour la famille, même si certains chuchotaient des remarques qui me dérangeaient.

— As-tu vu comme elle est belle?
— Ils l'ont bien maquillée!
— Elle se ressemble vraiment!

J'essayais de rester en retrait, isolé dans un coin du salon, incapable de verser de larmes malgré la boule de peine qui me serrait la gorge.

J'ai recommencé à pleurer le jour de son enterrement, car cela marquait une autre fin, la fin des cérémonies et le véritable début du deuil, quand les personnes qui sont venues vous épauler dans votre malheur repartent chacune de leur côté pour continuer à vivre et vous oublient.

Lors de la messe, tous ont reçu une petite carte funéraire blanche, semblable à un signet, avec l'image de ma grand-mère, souriante et irradiante comme le nom qu'elle portait, Illumina. Je n'ai jamais osé lui demander pourquoi ses parents l'avaient baptisée ainsi. Tout le monde utilisait un diminutif, Lumina. Mon grand-père avait droit à plus de familiarité et l'appelait simplement Mina ! Quand j'étais petit, cela m'étonnait d'entendre ce prénom bizarre. Je l'appelais « mémère ». Mon grand-père, c'était « pépère ». D'autres auraient peut-être trouvé ridicule ces surnoms vieillissants. Eux en étaient fiers.

Quand j'avais 6 ans et qu'elle évoquait sa jeunesse, j'avais l'impression qu'elle était née depuis très, très longtemps. Pourtant, elle avait alors seulement 56 ans, l'âge que j'atteindrai bientôt. Il est curieux de constater combien ma vision du vieillissement s'est modifiée depuis cette époque. Avant moi, ma grand-mère avait dû éprouver la même chose dans sa tendre enfance, quand elle se comparait à sa grand-mère.

Cette femme, qui l'avait souvent bercée, avait aussi un prénom particulier : Vitaline. Sur une photo datant des années 1920, la paysanne qu'elle est semble fatiguée d'avoir trop besogné. C'est une très vieille femme pour l'époque, elle a plus de 73 ans. Ses bras sont sagement croisés sur sa poitrine. En plein été, elle est vêtue d'une longue et chaude robe d'étoffe qui la cache du soleil et dissimule certaines parties de son corps, comme le recommandaient les curés de la colonie. Derrière elle, la campagne à perte de vue semble figée dans le temps. Son visage ressemble à s'y méprendre à celui de ma grand-mère, les pommettes saillantes, les cheveux gris soigneusement peignés vers l'arrière, dégageant son front lisse et laiteux. Elle ne pouvait pas se douter de ce qui allait arriver quelques jours plus tard.

Il y avait plusieurs heures que la nuit était tombée. La chaleur et l'humidité s'étaient incrustées dans les champs et il n'y avait pas la moindre brise, ce qui devait amplifier l'odeur de fumier s'exhalant de l'étable située à côté de la maison. Habituée de vivre sur une ferme, ma grand-mère, qui était alors adolescente, n'était pas incommodée par la senteur âcre qui pénétrait dans la chambre par la fenêtre ouverte. La complainte des chouettes dans les bois avoisinants et le tic-tac d'une vieille horloge battant la mesure dans la grande demeure l'avaient endormie. Elle partageait le lit de Vitaline, qui lui rendait visite de temps en temps, et dormait à poings fermés lorsque le cauchemar a commencé. Tout à coup, elle a senti un liquide chaud qui inondait son torse et se répandait sur son ventre et ses cuisses. L'adolescente s'est réveillée en sursaut, a ouvert les yeux dans le noir sans rien voir. Elle a trempé le bout de ses doigts dans la matière visqueuse qui recouvrait presque complètement sa jaquette et, la portant à son nez, a constaté que la substance avait une odeur de fer. Elle a laissé échapper un cri aigu. Sa grand-mère, Vitaline, était à l'agonie, victime d'une hémorragie. Elle est restée prostrée à côté d'elle et l'a regardée mourir, ses larmes se mélangeant au sang qui la souillait, pendant que ses parents tentaient de la consoler.

Quand j'étais petit et que je lui demandais de m'expliquer la mort d'un oncle, d'une tante ou d'un cousin, emportés par la maladie ou un accident, ma grand-mère me rappelait toujours ce qui s'était passé cette nuit de juillet, cet épisode qui l'avait profondément affectée, en 1925, alors qu'elle avait 15 ans.

— Quelquefois, les gens meurent sans qu'on puisse rien y faire! disait-elle.

Pour conjurer ce sort, durant le reste de son existence, elle a fait tout ce qu'elle pouvait pour aider ceux et celles qui se blessaient et étaient malades. C'était devenu sa mission, sa façon de résister à la mort.

Je me souviens qu'un jour, avant le souper, la sonnerie de son vieux téléphone noir à cadran rotatif m'a fait sursauter. Elle a répondu et a affiché un air inquiet. Puis, elle a raccroché rapidement et s'est tournée vers moi. J'étais alors attablé devant mon bol de soupe.

— Tu ne bouges pas ! Je vais revenir dans quelques minutes !

Je l'ai regardée avec l'air interrogatif d'un enfant de 7 ans qui ne comprend pas ce qui se passe.

— Je vais chez les voisins quelques minutes. M. Georges est très malade !

Elle est partie en courant, son tablier collé au ventre, et je l'ai vue entrer dans la maison rouge, de l'autre côté de la rue. Le temps passait. Je surveillais sans arrêt l'heure sur l'horloge de la cuisine. Elle ne revenait pas. De la fenêtre, je fixais la porte d'en face qui restait fermée. Après de nombreuses minutes, une ambulance est arrivée et deux hommes en uniforme se sont engouffrés avec une civière dans la demeure. Ma grand-mère est finalement revenue en courant et m'a serré contre elle.

— Qu'est-ce qui s'est passé ? lui ai-je demandé.

— M. Georges est mort dans mes bras. Il a fait une crise cardiaque !

Elle s'est assise à la table, sans pleurer, et a avalé sa soupe refroidie sans m'en dire davantage. Son silence était sa façon d'exprimer sa peine et sa déception de n'avoir pas pu le sauver. Il était très vieux, M. Georges. Il avait d'épaisses lunettes sur le bout de son nez parce qu'il voyait difficilement, et il se promenait chaque jour devant chez lui d'un pas lent, en fumant un long cigare qui faisait de petits nuages au-dessus de sa tête affublée d'un chapeau de paille. J'avais le cœur gros parce que je ne le reverrais plus jamais. Et je ne pouvais m'empêcher de questionner ma grand-mère.

— Est-ce que tu sais où on va quand on meurt ?

— On va au ciel !

— Comment fais-tu pour le savoir ?

— Quand on aide les autres, comme les personnes âgées, on a des chances d'aller au ciel !

Comme j'étais interloqué, elle s'est empressée d'ajouter une petite phrase apparemment anodine, mais que je n'ai jamais pu oublier.

— Quand je serai au ciel, je te ferai signe !

J'ai longuement attendu ce signe après son enterrement, survenu un jour d'automne très nuageux. Dans un coin du cimetière bordé d'arbustes défeuillés, son cercueil de bois lustré a été inséré dans un sarcophage étanche : ainsi, ses ossements ne s'éparpilleraient pas avec les années. Elle en avait découvert l'existence, quelques mois auparavant, en se rendant chez le directeur des pompes funèbres pour préparer les obsèques d'un membre de sa famille, et avait fait promettre à mon grand-père de placer son corps dans un tel contenant si jamais elle devait mourir.

— Tiens ! Voici l'outil pour ouvrir le sarcophage, m'a dit mon grand-père en quittant le cimetière.

Il m'a tendu ce qui ressemblait à une grosse clé anglaise en bronze ; le directeur des funérailles l'avait utilisée quelques minutes plus tôt pour visser solidement les boulons.

— Ta grand-mère voulait que cette clé t'appartienne. Elle voulait que tu saches qu'elle a entièrement confiance en toi !

Inconsolable, je l'ai prise en me demandant ce que je pourrais en faire. Je l'ai retournée dans tous les sens. À quoi bon garder cet objet qui ne servirait à rien ? Malgré cela, je n'ai jamais pu m'en départir et je l'ai enfouie dans une grosse boîte en carton remplie de souvenirs, qui m'a toujours suivi lors de mes nombreux déménagements. Il y a un peu plus de deux ans, par hasard, alors que j'ouvrais cette boîte entreposée au sous-sol, curieux de redécouvrir ce qui s'y cachait, j'ai retrouvé cette clé que je croyais égarée. Tout m'est alors revenu en mémoire, comme dans un film : la mort de ma grand-mère dans une petite chambre d'hôpital, les nombreux vieillards qu'elle se faisait un devoir d'assister et ses mots murmurés à mes oreilles quand j'étais un enfant.

— Quand on aide les autres, comme les personnes âgées, on a des chances d'aller au ciel !

Même si elle est partie il y a plus de quarante ans, j'ai quelquefois l'impression de la reconnaître dans le regard des femmes de son âge que je croise dans la rue. Certaines ont sa coiffure, sa démarche, son sourire, et probablement ses craintes : vieillir trop vite, mourir et abandonner ceux qu'on aime, souffrir, se faire agresser, perdre la raison. Depuis que j'ai retrouvé cette petite clé, je ne peux m'empêcher de penser à ces personnes âgées qui atteignent un âge respectable mais que la société ne respecte pas toujours. Ma grand-mère aurait probablement souhaité que je m'occupe d'elles à mon tour, de quelque manière que ce soit.

Ma réaction a été celle d'un journaliste. J'ai senti le besoin de rechercher des documents, des textes, des photographies, pour raconter le vieillissement. En fouillant au fond de ma bibliothèque, mon regard a été attiré par la jaquette blanche et les pages jaunies d'un livre que ma grand-mère avait pris soin de recouvrir d'une pellicule de plastique. En me l'offrant en cadeau, en 1970, elle m'avait répété, en désignant l'illustration de la couverture, ces mots que je n'ai jamais oubliés.

— Peu importe ce que tu feras dans la vie, je voudrais que tu sois fier et responsable, comme cet homme l'a toujours été !

En rencontrant cet homme adulé, j'aurais l'impression de faire ce que ma grand-mère attendait de moi.

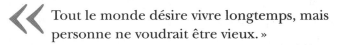 Tout le monde désire vivre longtemps, mais personne ne voudrait être vieux. »

JONATHAN SWIFT

Un vigoureux vent hivernal balaie l'avenue Cedar à Montréal, et des détritus tourbillonnent sur la chaussée. De nombreux véhicules tachetés de fondant routier entrent et sortent d'un vaste stationnement extérieur dans un ballet étourdissant. Des piétons, le col du manteau relevé, marchent d'un pas empressé sur les trottoirs sablés pour échapper au froid mordant de cette fin d'après-midi de février 2012 et se précipitent à l'intérieur de l'Hôpital général. Je me tiens droit comme une statue devant la caméra, frigorifié, attendant impatiemment le signal pour entrer en ondes. Dans un instant, je vais parler de l'état de santé de l'homme de 80 ans qui a été conduit la veille dans le centre de traumatologie situé derrière moi. Je suis triste, plus triste qu'à l'accoutumée quand je couvre des drames, parce que ce patient célèbre m'a ouvert sa porte quelques mois plus tôt pour me parler de lui, de ses maladies et de ses espoirs de guérison.

Je venais de terminer la lecture de *Puissance au centre*[1], qui relate sa brillante carrière, le cadeau offert par ma grand-mère quand j'étais gamin. Sur la couverture, il n'a pas encore 40 ans. Dans son uniforme bleu, blanc, rouge, il est élancé et bien coiffé, maniant la rondelle avec aisance. Sur la dernière

---

1. Hugh Hood, *Puissance au centre: Jean Béliveau*, Éditions Prentice-Hall of Canada, Scarborough, Ontario, 1970, 192 pages.

photographie de cet ouvrage, il apparaît triomphant, invincible, portant encore une fois la coupe Stanley avec ses coéquipiers et enflammant du même coup le cœur des partisans.

J'avais la tête remplie des moments grandioses de sa carrière qui sont relatés dans ce bouquin, et je souhaitais le rencontrer pour la première fois. Encore fallait-il qu'il accepte. Comme je n'avais ni son adresse ni son numéro de téléphone, je lui ai fait parvenir un courriel personnel par l'entremise de l'organisation du Canadien de Montréal. À mon grand étonnement, j'ai reçu rapidement une réponse.

— Bonjour, c'est Jean Béliveau. On m'a dit que vous voulez me parler. Vous pouvez me rappeler chez moi.

Ce qui m'a d'abord charmé, dans le message qu'il m'a laissé sur la boîte vocale de mon cellulaire, c'est sa voix enjouée et sa simplicité à dire les choses, alors que je n'avais pas pu lui répondre immédiatement. Je l'ai rappelé rapidement.

— J'écris un livre sur le vieillissement et j'aimerais vous interviewer, lui ai-je expliqué.

— Pas de problème. Je vous attends en fin de semaine !

J'étais un peu nerveux à l'idée de faire sa connaissance, conscient d'aller à la rencontre d'une légende. Je suis arrivé un peu en avance à l'adresse qu'il m'avait indiquée, devant un très haut édifice entouré de béton et de verre, se dressant comme un rempart face au fleuve Saint-Laurent. J'ai pris l'ascenseur, jusqu'au vingt et unième étage, m'imprégnant des lieux où il passait régulièrement comme si je faisais un pèlerinage, tout en me répétant que c'était normal de réagir ainsi. Le hockey n'est-il pas une religion au Québec ? J'ai frappé à la lourde porte de bois, et il m'a ouvert sa demeure.

— Bonjour, comment allez-vous ? m'a-t-il demandé spontanément.

Il m'a serré la main énergiquement en me regardant fixement, comme si j'étais un ami qui lui rendait visite régulièrement. Les grandes personnes, les vraies, ont la capacité de mettre les autres à l'aise. Il faut dire que Jean Béliveau a longtemps fait partie de ma famille. Comme par magie, il voyageait à travers les ondes et patinait à répétition dans le salon de mes parents les samedis soir d'hiver, quand j'étais enfant. Je savourais alors des moments fabuleux. Après avoir pris un bain chaud et enfilé un pyjama, je m'assoyais sagement près de mon père sur notre divan de nylon rouge, et je regardais le puissant joueur de centre à la télévision. Il a fait son apparition en noir et blanc, puis est devenu vraiment tricolore quand mes parents ont acheté un nouveau téléviseur, l'année de l'Expo 67. Il en faisait d'ailleurs voir de toutes les couleurs à ses adversaires, filant à vive allure, exécutant des montées à l'emporte-pièce sur la patinoire du Forum. Derrière les voix des commentateurs, je croyais entendre le bruit de ses lames à tubes bien aiguisées dévorant la glace ou l'écho de son puissant lancer du poignet sur les rampes complètement blanches. Il avait la même grâce à l'extérieur des enceintes sportives. Quand il n'endossait pas son chandail, il apparaissait parfois à l'écran en habit et cravate assortis qui lui donnaient aussi fière allure qu'un ministre.

Tous ces souvenirs d'enfance refont surface alors que j'entre chez lui. Plus de quarante ans se sont écoulés depuis qu'il a joué son dernier match professionnel, en 1971, et remporté sa dixième coupe Stanley. Il s'étonne que je m'intéresse à lui. Je l'observe. Ses cheveux épais ont blanchi. Il a pris quelques rides, mais il est encore droit comme un chêne, solidement enraciné dans son milieu. L'ex-capitaine du Tricolore est détendu dans le confort de son foyer, vêtu d'un polo et d'un pantalon de coton dignes de sa réputation d'homme élégant. J'entends encore ma grand-mère, assise devant l'écran de son téléviseur, s'exclamer en le regardant : « Quel beau monsieur ! » Pour elle, Jean Béliveau était le plus grand joueur de hockey de tous les temps, ainsi qu'un homme public remarquable.

Je suis certain qu'elle me surveille de là-haut quand il m'invite à m'asseoir près de lui, dans un fauteuil moelleux, devant une table de salon couverte de journaux et de magazines français et anglais qu'il lit quotidiennement pour apaiser sa soif d'informations. Je contemple le paysage verdoyant de Montréal à travers la vaste fenêtre panoramique de son appartement. Sur un mur, je remarque une splendide toile représentant des enfants jouant au hockey ; elle est de Littorio Del Signore, un de ses peintres préférés. Ce tableau est un coup de cœur, me dit-il. Il lui rappelle qu'il a commencé à pratiquer notre sport national il y a très longtemps, à l'âge de 4 ans, en se gelant les pieds sur une patinoire extérieure.

— Le temps passe vite, me fait-il remarquer.

Je ne sais pas quoi lui répondre : je n'ai aucune idée de la rapidité avec laquelle le temps défile lorsqu'on a 80 ans. À sa façon de s'exprimer, je devine que les journées sont plus précieuses quand la maladie frappe.

— Est-ce que ça va mieux ?

Ma question doit lui paraître simpliste. Je sais très bien qu'il me fait une faveur en m'accueillant. En effet, il est encore en convalescence. Il a subi, deux mois plus tôt, des interventions chirurgicales pour soigner deux anévrismes à l'aine et un autre à l'aorte.

— La chirurgie à l'aorte a duré cinq heures, me répond-il, sans ambages. Le médecin m'a expliqué qu'un anévrisme, ça ressemble à un boyau d'arrosage. Si tu bouches une extrémité et que tu envoies une grande pression d'eau à l'autre bout, un petit ballon va se former à l'endroit où la paroi est la plus faible. Ça peut être très dangereux !

Ses médecins lui ont prescrit un repos absolu durant trois à quatre mois, mais il a décidé de reprendre tranquillement certaines activités plus rapidement que prévu.

— J'ai reçu énormément de lettres, des sacs de courrier provenant d'amateurs francophones et anglophones, du Canada et des États-Unis, qui s'inquiètent de ma santé. Certains ont prié pour moi. S'ils prennent le temps de m'écrire, ils méritent une réponse !

Par amour pour son public, il s'astreint à un véritable travail de moine. Assis à son bureau, dans une pièce attenante au salon, il rédige méthodiquement un petit mot pour chacun de ses admirateurs. Cela dure des heures, entrecoupées de périodes de repos pour éviter une fatigue excessive. Il lui arrive aussi de recevoir des amateurs chez lui.

— Cette semaine, un visiteur de Niagara Falls, en Ontario, est venu me voir avec son fils de 17 ans qu'il a prénommé Béliveau en mon honneur. C'est la première fois que je vois ça! Cela me surprend beaucoup de rencontrer des jeunes qui ne m'ont jamais vu jouer et qui savent qui je suis grâce à leurs parents. Je m'étonne aussi que plusieurs personnes ne m'oublient pas, même si je vieillis. J'ai dû faire quelque chose qui est resté figé dans leur esprit!

Jean Béliveau ne regrette pas le passé, mais, s'il le pouvait, il aimerait ralentir le temps pour repousser la fatigue, un état qu'il a rarement ressenti avant ses 70 ans. Il m'avoue qu'il n'a plus assez d'endurance pour aller voir jouer le Canadien au Centre Bell en soirée. Cela prendrait au moins quatre heures, ce qui l'obligerait à revenir à la maison vers minuit.

— Un de mes amis m'a dit dernièrement que c'est normal d'être épuisé avec toutes les maladies que j'ai eues depuis quinze ans. Selon lui, beaucoup de personnes dans la même situation que moi auraient fait des dépressions nerveuses. Je lui ai répondu que je remercie le bon Dieu de me donner chaque jour la force de prendre soin de ceux que j'aime!

Au cœur des priorités de Jean Béliveau, il y a toujours eu les siens. Pendant longtemps, le repas du dimanche soir était sacré, car il permettait de se retrouver en famille. Maintenant que ses deux petites-filles sont dans la vingtaine, c'est plus difficile à organiser, à son grand désarroi. Ne plus être là, un jour, pour veiller sur elles ainsi que sur Élise, son épouse, et Hélène, sa fille unique, voilà ce qu'il craint le plus.

— On va tous passer par là! Mais pas tout de suite!

Il est songeur et évoque tout ce que son corps a subi en peu de temps. La maladie est apparue sournoisement en l'an 2000.

— En me rasant, un matin, j'ai constaté que j'avais une bosse sur le côté gauche du cou. Je partais en croisière durant quinze jours, alors je me suis dit que j'irais voir le médecin en revenant.

À son retour, la bosse avait grossi, tout comme ses craintes. Après la biopsie, le diagnostic est tombé : tumeur maligne.

— J'ai eu trente-six traitements de radiothérapie.

Discipliné comme le hockeyeur qu'il était, habitué à visualiser la réussite, il restait concentré sur un seul but : la guérison. Du lundi au vendredi, il partait de Longueuil à 6 heures du matin en compagnie de son épouse, traversait le pont Jacques-Cartier et se rendait à l'Hôpital général de Montréal, où il a toujours été soigné depuis ses débuts avec le Canadien. C'était long, parfois douloureux et stressant, mais le plus bouleversant, c'était de lire sur les visages de ses proches et de ses amis la peur de le perdre.

— Le mot « cancer » fait craindre le pire. Il faut demeurer fort et ne jamais s'écraser.

Il prononce ces mots avec autant de conviction que lorsque les annonceurs René Lecavalier, Jean-Maurice Bailly ou Lionel Duval lui demandaient, lors des entractes de *La Soirée du hockey*, si les Glorieux, qui tiraient de l'arrière en série, allaient avoir le dessus sur leurs ennemis jurés, les Bruins de Boston. Il ne baissait jamais la tête et parlait avec son cœur. La même détermination allait lui permettre d'affronter un adversaire plus coriace et souvent sans merci. Il jouait le match de sa vie. Pas question d'abandonner ! Durant la première période, il a savouré une victoire quand les médecins lui ont dit qu'il était en rémission. Il en a cependant conservé des séquelles. Ses glandes salivaires ont été détruites par les traitements de radiothérapie. Il doit boire régulièrement de l'eau et mâcher de la gomme pour atténuer l'assèchement de sa bouche.

Le célèbre numéro quatre a subi de multiples blessures à l'époque où il patinait, mais elles n'ont jamais été aussi difficiles à guérir que celles liées au vieillissement. La deuxième période a été très difficile à vivre. En 2008, il a de nouveau donné la frousse à sa famille et à ses fans lorsqu'il a été victime d'une chute de pression artérielle.

— J'étais aux funérailles d'un ami quand je suis devenu faible. Je me suis senti partir !

Encore une fois, il a été transporté en ambulance à l'Hôpital général, où il est demeuré quelques jours afin d'être soigné et soumis à des examens complémentaires.

Une troisième période de craintes a suivi en 2010, quand il a fait un AVC, un accident vasculaire cérébral, heureusement sans conséquences graves.

— Je pense que c'est lié à mon sang. On m'avait prescrit du Coumadin, un anticoagulant très difficile à doser. J'ai dû arrêter d'en prendre. On m'a aussi installé un pacemaker il y a quatorze ans.

— Pourquoi avez-vous un pacemaker ?

— C'est une longue histoire. Au début de ma carrière, en 1955, le médecin du Canadien a découvert que je faisais de l'arythmie cardiaque. Mon cœur ne battait pas toujours au même rythme. J'ai passé une batterie d'examens, après quoi les résultats ont été envoyés à un spécialiste américain afin qu'il détermine si ce problème cardiaque pouvait m'empêcher de jouer avec le grand club.

Imaginez si ce cardiologue avait décidé de ne pas donner le feu vert à Jean Béliveau ! Peut-on concevoir le Canadien sans lui ? Il n'aurait pas pu évoluer durant dix-huit saisons dans la Ligue nationale et devenir membre du Temple de la renommée après avoir marqué 507 buts, inscrit 1 219 points et remporté la coupe Stanley à dix reprises.

— J'ai craint de ne plus jamais jouer pendant que le cardiologue étudiait mon cas. Je me demandais ce que je ferais sans le hockey…

À 22 ans, il se posait déjà des questions sur son avenir. De caractère, il était plus vieux que son âge, probablement en raison de son éducation chez les frères du Sacré-Cœur, qui lui avaient appris à respecter les autres quand il jouait au hockey sur les patinoires extérieures de Victoriaville, où il a passé sa jeunesse.

— Je me souviens de la journée où mon père est venu me conduire à l'autocar, en 1949, quand j'ai quitté le domicile familial pour aller jouer au hockey à Québec. Il m'a simplement dit de donner le meilleur de moi-même. Ce serait suffisant. C'est ce que j'ai toujours essayé de faire. À 80 ans, il est temps que je me repose un peu.

Contrairement à certaines vedettes égocentriques, Jean Béliveau n'a jamais cessé de penser aux autres avant de s'occuper de lui. Quand, par exemple, il a raccroché ses patins et a été fêté, il n'a pas voulu recevoir de cadeaux. L'argent récolté, 150 000 dollars, a servi à créer une fondation pour les enfants dans le besoin. Durant les vingt-deux années qui ont suivi, avec ses fiduciaires, il a géré les fonds qui atteignent aujourd'hui 800 000 dollars. La Fondation Jean-Béliveau, qui se consacre aux enfants handicapés, a ensuite pris la relève et accorde chaque année 60 000 dollars au camp de vacances Papillon, dans la région de Joliette, qui reçoit chaque été près de sept cents jeunes vivant avec un handicap.

— Les jeunes en difficulté, ça me touche énormément! Il y en a tellement!

Il s'apprête à m'en dire plus sur cette cause, qui lui donne des trémolos dans la voix, lorsque Maggie, la petite chienne noire de la famille, se met à japper. Elle revient d'une promenade avec Élise, son épouse. L'animal court dans tous les sens, remue la queue. Ses pattes noires dérapent sur le plancher de bois et elle repart en coup de vent avec sa maîtresse, qui va faire des emplettes. Le calme revient. Ça fait deux heures que nous discutons. Je veux qu'il se repose. Je lui promets de revenir pour poursuivre notre entretien. Il me reconduit jusqu'à la porte et me serre à nouveau la main en me regardant droit dans les yeux.

Je ne sais pas pourquoi, mais certains moments remplis d'émotions nous en rappellent d'autres. Le geste de Jean Béliveau me ramène quelques années plus tôt, à la dernière visite que j'ai rendue à mon grand-père. À 90 ans, il était atteint de la maladie d'Alzheimer et répétait continuellement les mêmes mots. Heureusement, il avait la chance de rester chez lui et d'être constamment surveillé par des préposés. Il m'avait lui aussi serré la main en me reconduisant vers la sortie et avait prononcé subitement mon nom après m'avoir confondu des dizaines de fois avec d'autres personnes qu'il avait connues. On aurait dit qu'il reprenait conscience durant une fraction de seconde avant d'effectuer une nouvelle plongée abyssale dans un lointain passé. Je ne pourrai jamais oublier ses yeux inquiets, son regard interrogatif, quand il réussissait à se reconnecter au présent. Je m'étais juré de revenir le voir avant qu'il ne me reconnaisse plus du tout. À cause du travail et de l'éloignement, j'ai malheureusement trop attendu. Je ne l'ai jamais revu.

En février 2012, quelques mois après ma première visite chez Jean Béliveau, je me suis retrouvé devant l'Hôpital général de Montréal, attendant de connaître son état de santé. J'ai alors eu peur de perdre encore une fois quelqu'un d'important dans ma vie sans avoir tenu ma promesse de le revoir. Le Canadien venait de publier un communiqué qui m'inquiétait.

Montréal (28 février 2012) – Le Club de hockey Canadien a annoncé aujourd'hui que Jean Béliveau a subi un accident vasculaire cérébral dans la soirée de lundi et qu'il a été admis à l'hôpital. Aujourd'hui âgé de 80 ans, M. Béliveau subit présentement des examens et des traitements et demeure en observation. À compter d'aujourd'hui et pour la durée de la convalescence, M. Béliveau a émis le souhait que l'on respecte sa vie privée et celle de sa famille.

Pendant quatre mois, je me suis abstenu de téléphoner chez lui pour demander de ses nouvelles. Un jour, j'ai finalement appris qu'il reprenait des forces. Je ne pouvais plus attendre. J'ai composé son numéro. Une de ses petites-filles, habituée à s'occuper des autres parce qu'elle est infirmière, a répondu et a passé le téléphone à son grand-père.

— Bonjour! a-t-il simplement dit.

Sa voix était faible, tremblante par moments.

— Est-ce que ça va mieux?

— Ça ne va pas assez vite! Il y a des journées où tout va bien. D'autres sont plus difficiles. Un de mes amis a lui aussi subi un AVC. Il est venu me voir cette semaine. Il est presque complètement paralysé.

Nous avons poursuivi cette conversation, une semaine plus tard, dans le salon où il m'avait reçu quelques mois auparavant. Son épouse m'a ouvert la porte. M. Béliveau m'attendait, assis dans son fauteuil, près de la fenêtre panoramique. Il venait de se réveiller, après sa sieste de l'après-midi, et portait un pyjama gris très soyeux. Cela m'a fait du bien de le retrouver en meilleure santé que je ne l'avais imaginé.

— On a eu peur encore une fois de le perdre! me dit sa femme.

— Un des médecins, qui a pris soin de moi, m'a confirmé que je reviens de loin, précise Jean Béliveau. Une infirmière a ajouté que j'étais fort pour avoir réussi à m'en sortir!

Il a raison de se réjouir. Selon une éminente neurologue du CHUM, la Dre Louise-Hélène Lebrun, chaque année au Québec, entre 15 à 20 % des personnes qui subissent un AVC décèdent. Près de la moitié s'en sortent avec une invalidité, sévère dans 25 % des cas. Dix pour cent de ces patients ont moins de 55 ans. Après cet âge, les risques d'avoir un AVC doublent tous les dix ans, ce qui s'explique principalement par l'hypertension artérielle mal contrôlée, l'augmentation du mauvais cholestérol, le diabète et l'excès d'aliments salés. Ces facteurs entraînent la dégénérescence des parois des vaisseaux du cou et du cerveau, tout comme ceux du cœur, des bras et des jambes.

L'attaque cérébrale qui a failli emporter M. Béliveau en février 2012 s'est produite alors qu'il soupait tranquillement chez lui.

— Il s'est mis à me parler bizarrement, raconte son épouse. Je ne comprenais rien. Il était confus. Il avait eu les mêmes symptômes lors d'un autre AVC. Je savais que chaque minute était importante. J'ai composé le 911 et il a été conduit en ambulance à l'Hôpital général.

— Je ne me souviens de rien, avoue Jean Béliveau. J'ai perdu la mémoire durant quinze jours.

Il est extrêmement reconnaissant envers son épouse. En réagissant rapidement, elle lui a sauvé la vie, car il est prouvé qu'il est essentiel que les médecins interviennent dans les trois heures suivant un AVC.

Malheureusement, comme me l'a expliqué la Dre Lebrun, la moitié des patients n'appellent pas immédiatement le 911 et ne se rendent pas assez vite aux urgences lorsqu'ils ont des signes précurseurs. Il peut s'agir d'une perte de la parole et de la mémoire, de confusion, de disparition de la motricité dans un bras ou une jambe, d'une perte soudaine de la moitié du champ de vision ou de l'impossibilité totale de voir d'un œil, d'un engourdissement d'une partie du corps et du visage, ou encore d'un mal de tête explosif et inexpliqué. Un malade a 13 % plus de chances de guérir ou de récupérer s'il est vu par un médecin dans les trois ou quatre heures suivant l'AVC. Chaque minute, ce sont 1,9 million de cellules du cerveau qui meurent si la circulation sanguine n'est pas rétablie correctement. Le traitement d'urgence permet de déterminer le type d'AVC et, le cas échéant, d'administrer un produit intraveineux pour contrer l'obstruction et favoriser un meilleur rétablissement. Une équipe de réadaptation peut également être mobilisée pour stimuler la récupération de la fonction cérébrale.

Jean Béliveau a profité à temps de ces traitements. La paralysie de sa jambe et de son bras droits s'est estompée en quelques jours. Il avait aussi beaucoup de difficulté à parler et à écrire, mais tout est rentré dans l'ordre grâce à des soins d'orthophonie et à des séances d'écriture, qu'il a effectuées chaque jour avec un crayon sur une feuille de papier que lui tendaient les membres de sa famille.

— J'ai encore un peu de misère, me dit-il. Je suis plus lent à réagir !

Pour ce grand homme, qui a toujours été plus rapide que les autres durant sa carrière, il n'est pas facile de ralentir. Il sait cependant que cela aurait pu être pire, d'autant plus qu'il a fait un autre AVC, plus léger et sans conséquences graves, durant la deuxième de ses quatre semaines d'hospitalisation.

Il a suivi une réadaptation pendant cinq semaines en milieu hospitalier et, durant cette période, il a fait la connaissance de personnes beaucoup plus affectées que lui par un AVC.

— Il y avait un homme, plus jeune que moi. Il ne réussissait pas à prononcer un seul mot malgré tous ses efforts et son courage ! J'aurais pu être dans sa situation, prisonnier de mon corps et confiné à un fauteuil roulant. J'aurais représenté un poids énorme pour mon épouse, ma fille, mes petits-enfants. Ils auraient voulu prendre soin de moi constamment, et je n'aurais probablement pas pu l'accepter. J'aurais préféré mourir !

Il prononce ces mots avec conviction, même s'il sait à quel point son départ aurait attristé les siens et ses nombreux admirateurs. Il a beaucoup réfléchi au sens de la vie et aux raisons qui expliquent son état.

— Je crois que le stress vécu durant ma carrière professionnelle a eu un impact sur ma santé actuelle. Lorsque les estrades des arénas tremblaient sous les applaudissements ou les huées des amateurs de hockey, une nervosité intense m'envahissait. En tant que capitaine, je ne devais décevoir ni les partisans ni mes coéquipiers. Il y a aujourd'hui un prix à payer pour avoir été glorieux !

Les mots ne peuvent pas exprimer tout ce qu'il éprouve. Nous cessons de parler de la maladie pour apaiser la tension. Il me raconte ensuite les plus beaux moments qu'il a vécus sur la glace du Chicago Stadium ou du vieux Garden de Boston quand la foule haranguait les joueurs du Tricolore.

— Personne ne pourra jamais nous enlever nos souvenirs !

Cependant, il apprécie également plus que jamais le moment présent.

— On est bien ici !

— Allez-vous vivre le reste de votre vie dans ce condominium ?

— J'ai mis du temps à m'habituer. J'ai trouvé difficile de déménager après être demeuré cinquante et un ans dans la même maison. Mon épouse m'a convaincu de venir habiter ici. C'est moins de travail et d'entretien.

Il s'estime privilégié d'avoir les moyens de vivre dans ce magnifique appartement, et il est ravi d'avoir conservé un vaste réseau d'amis et d'admirateurs pour briser la solitude.

— Il y a des personnes âgées qui n'ont rien. Elles sont isolées et seules au monde !

Il déplore aussi que certains leur manquent de respect.

— Ce n'est pas normal que des vieux soient maltraités dans des résidences pour personnes âgées. Je vais tout faire pour ne jamais me retrouver dans un tel un centre. Si on est mal pris, on embauchera quelqu'un pour nous aider à rester ici !

Un journaliste lui a déjà demandé quel souvenir il voudrait qu'on garde de lui quand il ne sera plus de ce monde. Il a répondu qu'il souhaite que les gens retiennent qu'il était un gars d'équipe. Les mauvais traitements qu'on réserve trop souvent aux aînés le mettent en colère, j'en suis témoin. S'il en avait la force, j'ai la conviction qu'il sauterait dans la mêlée pour les défendre et leur faire gagner le respect de la société. À 80 ans, l'esprit d'équipe l'anime toujours.

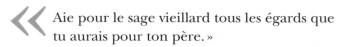 Aie pour le sage vieillard tous les égards que
tu aurais pour ton père. »

Phocylide de Milet

Nous nous intéressons davantage au sort réservé aux personnes âgées lorsque les médias rapportent des événements malheureux survenus dans des centres d'hébergement et de soins de longue durée (CHSLD). Même si seulement 4 % des Québécois de 65 ans et plus demeurent dans ces établissements, des drames trop nombreux s'y produisent et nous touchent profondément[2]. Ce livre n'est pas un plaidoyer contre les CHSLD. Ils sont essentiels pour les malades âgés en lourde perte d'autonomie, et la majorité des gens qui y travaillent sont très dévoués. Mais avant de vous entretenir de situations moins éprouvantes, je ne peux passer sous silence des incidents graves souvent liés aux défaillances du système. Je ne compte plus le nombre d'histoires pathétiques que j'ai dévoilées à la télévision ces dernières années. Elles sont toujours semblables et choquantes. Il faudrait empêcher qu'elles se répètent, comme le souhaitent de nombreuses familles éprouvées.

Au rez-de-chaussée d'un édifice moderne mais discret de l'est de Montréal, le visage impassible de l'avocat émerge d'une pile de documents et de dossiers juridiques déposés

---

2. *Vieillir et vivre ensemble – Chez soi, dans sa communauté, au Québec*, ministère de la Famille et des Aînés, 2012, 204 pages, http://msssa4.msss.gouv. qc.ca/fr/document/publication.nsf/fb143c75e0c27b69852566aa0064b0 1c/7874ff2352e9000e852579f3005eb8e2?OpenDocument.

pêle-mêle sur une grande table de bois verni. La cravate dénouée, les lunettes bien ajustées sur son nez, il arbore une moustache grisonnante, plus épaisse que ses cheveux épars. Son allure rigide d'officier de l'armée britannique, Me Jean-Pierre Ménard la doit à son passage dans la Réserve de l'armée canadienne et à sa passion pour l'histoire et la stratégie militaire.

La discipline qu'il a acquise lors de nombreux exercices tactiques, il la met désormais à profit dans son travail juridique. Elle lui permet d'avoir l'endurance et la volonté de fer nécessaires pour étudier sans relâche, durant de longues heures, des dossiers arides afin d'en dégager des plans d'attaque pour défendre les intérêts de ses clients. Durant plus de trente années de pratique, ce sont les drames vécus par les personnes âgées qui l'ont particulièrement touché.

— Les personnes âgées ne sont pas traitées comme elles le devraient par le système de santé, affirme Me Ménard. Il y a une absence totale de vision. Tout est très bureaucratique. Le gouvernement crée des ressources d'hébergement qui ne sont pas adaptées aux besoins. Souvent, le personnel est mal formé et peu supervisé, ce qui accroît considérablement les dangers d'accidents et d'incidents médicaux.

Il ne pourra jamais oublier sa première rencontre, il y a quelques années, avec une femme complètement démolie qui est entrée en pleurs dans son bureau. Son père de 78 ans venait de vivre des moments pénibles dans un centre d'hébergement. Son récit semblait incroyable. Il lui a demandé de commencer par le début, notant tout ce qu'elle disait.

Léandre Contant est admis au CHSLD Meilleur de L'Assomption, dans la région de Lanaudière, en mai 2004. Il souffre d'Alzheimer. Sa fille se fait un devoir d'être présente à ses côtés trois journées par semaine. Le reste du temps, ses meilleures amies prennent la relève.

Chantal Contant s'inquiète pour la sécurité de son père, car il a régulièrement des bleus aux bras et aux mains, des blessures survenues en son absence, le soir ou la nuit. L'infirmière de l'étage est convaincue que le septuagénaire se blesse en tentant de déplacer des meubles, ce qu'il a la fâcheuse habitude de faire à cause de sa maladie. Chantal Contant n'en croit rien, d'autant plus que le chef d'unité reconnaît que certaines de ses ecchymoses ont la forme d'empreintes de doigts.

Elle prend les grands moyens pour savoir ce qui se passe quand elle n'est pas au CHSLD. Elle observe en cachette les agissements des préposées en dissimulant une petite caméra dans le téléviseur installé dans la chambre de son père. Elle enregistre tout sur un disque dur. Lorsqu'elle revient chez elle, elle ne prend même pas le temps de souper et s'assoit devant son ordinateur pour visionner minutieusement les images captées au cours des dernières heures. Chaque soir, elle a l'impression d'écouter des portions d'un documentaire muet, long et triste, qui n'en finit plus.

À quelques jours de Noël, le 17 décembre 2005, elle s'attend encore une fois à regarder, jusque tard dans la nuit, des heures et des heures de vidéo sans rien découvrir de nouveau. C'est alors le choc! Elle n'en croit pas ses yeux! Une préposée aux bénéficiaires qui travaille de nuit traîne son père sur le plancher de sa chambre!

— Je ne pourrai jamais oublier ce que j'ai vu. Mon cœur s'est mis à battre très rapidement. Elle le tenait par le bras et le tirait vers son lit!

À la fois révoltée et désemparée, elle perd le sommeil. Après deux jours de réflexion, elle remet une copie de la scène à un journaliste de la télévision qui la diffuse lors de plusieurs bulletins d'informations. Elle envoie ensuite les images à la direction du CHSLD. La préposée, prise en flagrant délit, nie catégoriquement avoir maltraité Léandre Contant. Elle admet cependant que ses gestes ne sont pas corrects. Elle aurait agi en proie à la panique. Son chef d'unité, qui recueille sa version des faits, les rapportera ainsi devant la cour:

Elle disait l'avoir fait glisser dans sa chambre afin de l'amener dans un milieu sécurisé et connu par lui. Elle dit que M. Contant avait fait une chute dans le grand salon. Elle a regardé au poste de garde A, mais l'infirmière n'était pas là. Donc elle l'a glissé pour l'amener dans sa chambre. Nous lui avons demandé si elle connaissait la politique concernant les chutes et elle nous a dit oui. Elle nous a expliqué la procédure en cas de chute qui correspondait à la procédure réglementaire. Par la suite, je lui ai demandé pourquoi elle n'avait pas avisé l'infirmière et elle m'a répondu qu'elle avait oublié qu'elle devait le faire[3]…

La procédure en cas de chute est très claire. Il faut sécuriser le résidant et le calmer si nécessaire, le faire évaluer par une infirmière, et enfin être au moins deux personnes pour le relever.

Quatre jours après la dénonciation publique de ses gestes, la préposée de 33 ans est congédiée. Son syndicat s'oppose à la décision de la partie patronale et ira jusqu'en Cour supérieure pour expliquer à un juge ce qui s'est passé.

Alors qu'elle recule avec le résidant en direction de sa chambre, il trébuche sur le pied d'une chaise berçante. Il perd l'équilibre et la plaignante l'agrippe par le bras pour amortir sa chute. Le tout se passe à trois ou quatre pas de sa chambre. […] elle panique et se dirige en courant vers l'accueil pour demander de l'aide. L'infirmière n'étant pas là, elle prend le téléphone pour l'appeler… Alors qu'elle s'apprête à téléphoner, elle entend le résidant qui pousse des cris de détresse et qui gesticule des bras et des jambes. Elle laisse le téléphone et retourne auprès du résidant qui se donnait des coups de tête sur le plancher. Ne pouvant attendre face

---

3. REJB 2010-171751 (C.S.) ; requête pour permission d'appeler de la décision rejetée le 13 mai 2010 (Syndicat des travailleuses et travailleurs du CSSS du Sud de Lanaudière (CSN) c. Lalande, EYB 2010-174006 (C.A.)), p. 2.

à ce qu'elle considère comme une urgence, elle tente de le relever à cinq ou six reprises. La manœuvre n'ayant pas réussi, elle entreprend de l'emmener dans sa chambre, ce qui constitue à ses yeux un endroit plus sécuritaire pour le résidant. Elle le tire par le bras jusqu'à sa chambre [...][4].

La CSN conteste énergiquement la preuve obtenue grâce à une caméra cachée. L'avocat de la défense allègue qu'elle viole la vie privée de la travailleuse. Le tribunal maintient finalement la décision de licenciement et déclare que le rejet de la preuve vidéo serait susceptible de nuire à l'administration de la justice, car cela empêcherait la divulgation de la vérité.

Après avoir consulté Me Jean-Pierre Ménard, Chantal Contant intente une poursuite civile de 80 000 dollars contre le CHSLD, dévoilant du même coup à la presse d'autres images captées par la caméra dissimulée en permanence dans la chambre de son père.

— Vous voyez une préposée qui lui fait ingurgiter un petit déjeuner en sept minutes alors qu'il est couché dans son lit. Elle ne lui donne rien à boire. Croyez-vous que c'est normal ?

À plusieurs reprises, on voit sur ces images des préposées en train de lui changer sa culotte d'incontinence, mais elles oublient de le laver. Il lui arrive aussi d'être habillé et déshabillé au mépris de toute pudeur, devant les autres résidants, alors qu'il est dans le cadre de porte de sa chambre. Après avoir appris l'existence de la caméra, certaines employées lui dispensent ses soins de base dans le noir pour éviter d'être filmées, alors que M. Constant a très peur dans l'obscurité. D'autres, sachant maintenant où est camouflé l'objectif braqué sur elles, placent une couverture sur le téléviseur. Certaines vont jusqu'à couper les fils de l'appareil.

Chantal Contant a reçu un dédommagement du CHSLD après quelques mois de négociation entre les avocats des deux

---

4. *Op. cit.*, p. 3.

parties. Une clause de confidentialité interdit de dévoiler le montant final de l'entente.

— Les familles de personnes âgées n'intentent pas des poursuites judiciaires pour avoir de l'argent, explique Me Ménard. Elles le font dans l'espoir que ça ne se reproduira plus. Les montants accordés par les tribunaux n'ont aucun lien avec la valeur de la personne. C'est plutôt lié à l'espérance de vie de la victime. Dans le meilleur des cas, les enfants majeurs et le conjoint d'une personne âgée recevront en moyenne entre 10 000 et 25 000 dollars chacun.

Malgré cela, les consultations pour défendre les droits de gens âgés affluent. Le cabinet de Me Ménard compte dix-sept membres du barreau. Chaque année, ils déposent à eux seuls plus de la moitié des poursuites en droit médical au Québec, et 3 000 demandes de renseignements de toutes sortes leur sont adressées. Une sur six touche les aînés. Beaucoup de dénonciations ne sont jamais dévoilées publiquement parce que les proches des victimes préfèrent garder l'anonymat. Ils se contentent souvent de faire parvenir une mise en demeure à la direction des établissements concernés. Les procès sont rares, car les litiges se règlent généralement hors cour. Il est exceptionnel que des poursuites criminelles soient intentées dans de tels cas.

Au Québec, Chantal Contant a été une des premières à le faire. Elle a rencontré les policiers et a déposé des accusations de voies de fait contre la préposée, mais un juge de la Cour du Québec a déclaré, en février 2008, ne pas avoir vu d'intentions malveillantes dans les gestes de l'employée et l'a acquittée lors du procès.

— Je trouve ça épouvantable, raconte avec rancœur Chantal Contant. À la suite du verdict, j'ai écrit une lettre de dix pages au juge pour lui dire ce que je pensais. Il ne m'a jamais répondu. C'est quoi, de la violence envers les personnes âgées, si ce n'est pas ce que vous avez vu sur les images ?

Ce jugement lui laisse un goût amer. La honte et les regrets l'assaillent même si elle tente de se consoler en se disant qu'elle n'avait pas d'autre choix que de placer son père dans un CHSLD.

En effet, les premiers signes de la maladie d'Alzheimer sont apparus alors qu'il avait 60 ans. Il est demeuré avec son épouse durant quelques années. Son état de santé s'est dégradé, celui de sa femme aussi. En raison de ses problèmes cardiaques, elle ne réussissait plus à prendre correctement soin de lui. Chantal Contant, qui est célibataire, a alors choisi de se consacrer entièrement à ses parents et les a accueillis tous les deux dans sa maison.

— Mon père ne dormait plus. On le couchait, et trente minutes plus tard il se levait. Il passait son temps à déménager les meubles. On devait toujours le surveiller. Après deux ans, on était à bout de souffle, alors nous avons dû nous résoudre à le placer en urgence.

En attendant d'obtenir un lit dans un centre d'hébergement de leur choix, Léandre Contant a séjourné temporairement dans un CHSLD de Rawdon, dans la région de Lanaudière. Tous les jours, Chantal et sa mère faisaient l'aller et retour entre Repentigny et Rawdon pour le visiter, soit 120 kilomètres de route.

— Un jour, j'ai amené mon père faire un tour dans mon camion. Je pleurais tellement… J'aurais voulu me sauver avec lui, mais je ne savais pas où aller !

Après qu'il a passé quelques mois à Rawdon, la famille du septuagénaire lui obtient un lit au CHSLD Meilleur de L'Assomption. C'est plus près de la résidence familiale, à seulement 14 kilomètres de Repentigny. Il y entre pour ne plus jamais en ressortir.

— Malgré ce qui s'est produit à cet endroit, je crois qu'il n'était pas souhaitable de le déménager ailleurs. À cause de sa démence, il aurait été encore plus confus.

Très tôt, le matin du 23 novembre 2007, alors qu'elle est sur le point d'aller passer une fois encore la journée avec son père, Chantal Contant entend la sonnerie du téléphone. Avant même de répondre, elle se doute que quelque chose ne va pas. On appelle rarement chez les gens à une heure aussi matinale pour leur annoncer une bonne nouvelle. Au bout de la ligne, elle reconnaît une des infirmières du CHSLD.

— Madame Contant, on a perdu votre père, lui annonce-t-elle.

En larmes, Chantal réveille sa mère pour lui apprendre la nouvelle.

— Pépé est parti !

C'est ainsi qu'elle l'appelle affectueusement. Elle veut le retrouver au plus vite et roule à vive allure sur les chemins enneigés au risque d'avoir un accident. Elle finit par se raisonner. Ça ne sert à rien d'aller si vite. Il n'y a plus rien à faire pour le sauver.

— Quand je suis arrivée dans sa chambre, je me suis allongée à ses côtés dans son lit. J'ai mis ma tête contre la sienne et j'ai sangloté un long moment, jusqu'à ce que l'infirmière tente de me consoler et me suggère d'appeler le salon funéraire.

Chantal Contant repart en emportant sa caméra cachée, qui a fonctionné jusqu'à la fin. Afin de vérifier si son père est bel et bien décédé dans son sommeil, elle regarde d'un bout à l'autre le dernier enregistrement. Difficile de dire quand il a poussé son dernier soupir. Il semble dormir calmement. Sur les images, elle voit des préposées entrer dans la chambre vers 6 heures du matin et en ressortir aussitôt après en courant. L'infirmière arrive à son tour. Léandre Contant a été emporté par la maladie d'Alzheimer et un cancer de la vessie.

— Durant les jours suivants, j'ai essayé encore une fois de revoir la vidéo montrant les derniers moments de la vie de mon père. Je n'ai pas pu. La machine s'est brisée. J'ai tenté de la faire réparer, mais plus rien n'était récupérable sur le disque dur. Je suis convaincue que mon père ne voulait pas que je revive sa mort. Je sais qu'il est au ciel et qu'il n'est plus malade !

Les cendres de Léandre Contant reposent au Cimetière de l'Est, à Montréal, auprès d'autres membres de sa famille. Chantal l'a salué une dernière fois avant son inhumation.

— Pépé, je m'excuse de t'avoir laissé dans un centre d'hébergement. Je veux que tu saches que c'est le plus grand regret de ma vie.

Deux ans après les obsèques, elle a été frappée à son tour par la maladie. Elle n'avait que 46 ans lorsqu'un AVC l'a laissée en partie paralysée. Les doigts de sa main gauche ne bougent presque plus. Elle a des pertes de mémoire et la fatigue la cloue souvent au lit. Des médicaments puissants l'empêchent de faire des convulsions. Elle a aussi fait une dépression majeure. Quand elle se voit dans un miroir, elle cherche la femme fougueuse qu'elle était, mais elle ne la trouve jamais. Elle a donné toute son énergie pour protéger ses parents et a hérité en retour d'une vieillesse prématurée. Malgré cela, elle a réussi à prendre soin de sa mère à domicile pendant dix années.

— Il n'était pas question qu'elle aille dans un centre d'hébergement. Je voulais continuer à m'en occuper, mais, à 80 ans, elle est très malade. J'ai dû finalement la placer dans un CHSLD parce que ma santé se détériore. Je souhaite que le bon Dieu vienne la chercher. J'ai peur qu'on n'en prenne pas soin correctement ! J'ai vu à la télévision qu'un drame semblable à celui de mon père s'est produit à nouveau. J'ai énormément pleuré !

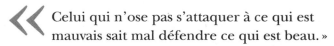 Celui qui n'ose pas s'attaquer à ce qui est mauvais sait mal défendre ce qui est beau. »

ROBERT SCHUMAN

À Belœil, en Montérégie, au milieu d'une grande étendue de neige et de nombreux commerces, près de l'autoroute 20, se dresse un imposant bâtiment de quatre étages dont les grandes fenêtres laissent entrevoir de faibles lueurs en cette fin de nuit glaciale de janvier 2011. Dans la chambre 140, un homme de 68 ans atteint d'Alzheimer vient de se lever beaucoup plus tôt que prévu. Il n'est pas encore 5 heures, et cela semble indisposer deux préposées venues à sa rencontre. L'une d'elles fulmine à son égard sans imaginer un seul instant que ses propos seront rendus publics un jour.

— Tombe ! Tombe ! Fais-toi mal. Tu vas aller à l'hôpital. Je suis tannée ! dit-elle en quittant la pièce.

Six mois plus tard, ces images enregistrées par une caméra dissimulée par son épouse dans la chambre du sexagénaire sont présentées à la télévision. Elles soulèvent autant d'indignation que celles révélées cinq ans plus tôt par Chantal Contant. Flanquée de son avocat, Jacqueline Rioux tient un point de presse pour dénoncer les mauvais traitements infligés à son mari au CHSLD Champlain des Pommetiers. Cette femme frêle prend son courage à deux mains pour défendre celui qu'elle aime profondément et dont elle partage l'existence depuis plus de vingt ans. Elle demande d'abord aux journalistes de taire l'identité de son conjoint par respect pour ses enfants à lui, qui désirent ne pas être reconnus.

Tremblante d'émotion, Jacqueline Rioux raconte qu'elle a dû se résoudre à placer l'homme de sa vie dans ce centre, en juin 2010. C'était une question de sécurité. Il est atteint de la démence à corps de Lewy, la maladie neurodégénérative la plus importante chez les personnes âgées après l'Alzheimer. Il souffre aussi de Parkinson et fait de nombreuses chutes.

Elle passe de longues journées avec lui dans son nouveau milieu de vie et lui parle beaucoup dans l'espoir de le stimuler. Quand elle lui tient la main et lui dit, en le regardant dans les yeux, qu'elle l'aime et qu'elle l'aimera toujours, il esquisse un sourire. L'amour est tout ce qu'il lui reste pour traverser les pires moments de sa vie. Quand vient le temps de le mettre au lit, elle le borde, l'embrasse tendrement, et regagne son domicile situé à quelques kilomètres de là, sans se douter de ce qui se passe quand elle n'est pas à ses côtés.

Trois mois après l'admission de son mari dans ce CHSLD, Jacqueline Rioux commence à s'inquiéter en apercevant des blessures un peu partout sur son corps : une lacération à un genou, des ecchymoses à l'épaule gauche et au niveau de l'estomac, et des cloques à un avant-bras et à une main. Elle les photographie et décide d'en déterminer l'origine.

— J'ai demandé aux infirmières de m'expliquer ce qui se passait, mais je n'obtenais pas de réponses cohérentes. J'ai donc installé une caméra cachée dans la chambre. J'ai compris !

Sur une séquence enregistrée en fin de soirée, on voit une préposée à bout de nerfs. Elle peste en lançant sur un fauteuil roulant le casque protecteur que le résidant porte régulièrement, car il chute souvent.

— Arrangez-vous, d'abord ! Restez comme ça ! Je ne m'occupe plus de vous ! lui lance-t-elle avant de le laisser seul.

Les yeux rougis, Jacqueline Rioux raconte :

— J'ai eu très mal en dedans de moi en visionnant ces images.

Durant plusieurs mois, la caméra numérique enregistre en permanence ce qui se passe dans la chambre. En regardant attentivement les images, on constate que l'alarme installée dans le lit de l'époux de Mme Rioux, afin d'alerter immédiatement les préposées lorsqu'il se lève inopinément, ne fonctionne pas la plupart du temps. Sur deux séquences dévoilées à la presse, on le voit se redresser tant bien que mal sans que le signal sonore se mette en marche comme il devrait le faire. Une fois debout, il avance difficilement à pas de tortue, recule, avance, titube, perd l'équilibre et chute sur le dos en criant le nom de son épouse.

— Ayoye, Jacqueline! Ayoye!

Les rapports d'incidents et d'accidents, remplis par le personnel de l'établissement, indiquent qu'il a chuté au moins quarante-cinq fois en six mois. Comble de malheur, la situation aurait été aggravée par un diagnostic médical erroné et l'administration de médicaments inutiles. Autre détail inquiétant soulevé par l'avocat de la poursuite, la médication prescrite par le médecin traitant n'était pas toujours donnée correctement, comme le démontre une scène pendant laquelle une infirmière auxiliaire entre dans l'obscure chambre 140 pour donner des cachets au sexagénaire.

— Je m'en viens vous donner vos pilules!

L'homme est couché dans son lit et ne bronche pas. Elle repart immédiatement, sans attendre. Quatre minutes plus tard, il se lève à grand-peine et réclame sa médication. Une préposée apparaît et lui explique ce qui s'est passé.

— Elle est venue pour vous donner vos médicaments. Vous étiez à moitié endormi. Vous ne les vouliez pas, alors elle les a jetés!

Elle lui offre d'aller lui chercher un yogourt pour les remplacer. Le malade insiste pour avoir ses comprimés, mais personne n'accède à sa demande.

— Quand j'ai dévoilé les images, des employés ont fouillé la chambre de fond en comble dans le but de retrouver la caméra, mais je l'avais déjà récupérée, se rappelle Jacqueline Rioux. La direction du centre m'a aussi demandé de l'enlever alors que je n'avais pas à le faire !

Son avocat, Me Ménard, réplique en publiant un communiqué de presse dont voici l'essentiel.

> [...] *une décision a été rendue par la Cour supérieure au mois de mars 2010, soit* Syndicat des travailleuses et travailleurs du CSSS du Sud de Lanaudière (CSN) c. Lalande [dans le dossier de Léandre Contant][5]. *Cette décision est venue confirmer qu'il est possible pour une personne qui doute des soins qui sont prodigués à un patient ou qui veut s'assurer du respect des droits d'un patient dans un CHSLD, d'installer une caméra dans sa chambre, et ce, sans autorisation préalable. Dans la mesure où la personne qui installe la caméra a des doutes quant aux soins reçus par la personne hébergée, le fait de filmer des employés qui prodiguent des soins dans la chambre du patient ne constitue pas une atteinte à leur vie privée[6].*

Le comité des résidants du centre s'en mêle à son tour et demande que les propriétaires de la résidence présentent des excuses formelles à Mme Rioux ainsi qu'à toute sa famille ; il exige « l'imposition de sanctions sévères et exemplaires, allant jusqu'au congédiement envers les personnes responsables de ces événements troublants[7] ».

La direction du centre d'hébergement émet aussi un communiqué.

> *Nous comprenons la douleur de la conjointe du résidant et la gravité d'un tel incident. Nous ne pouvons en aucun cas tolérer le*

---

5. *Op. cit.*
6. Communiqué de presse, Me Jean-Pierre Ménard, Montréal, 13 juillet 2011.
7. Lettre d'André Prud'homme, président du comité des résidants, adressée au Groupe Champlain, 14 juillet 2011.

comportement dénoncé par les images diffusées […] et avons pris les mesures nécessaires qui s'imposent. Ces images, choquantes, ne doivent cependant pas stigmatiser une profession, qui dans sa très large majorité effectue son travail avec éthique et bienveillance[8].

Pendant que l'avocat de Jacqueline Rioux réclame davantage de formation pour les employés du CHSLD, une enquête interne se met en branle. Deux semaines plus tard, deux préposées aux bénéficiaires sont invitées à quitter leurs fonctions.

La présidente-directrice générale du Groupe Champlain affirme : « Ce qui est arrivé est malheureux, mais c'est un événement isolé qui pourrait arriver dans tous les CHSLD du Québec. Je vous assure que 99,9 % de nos employés sont compétents[9]. »

La direction du CHSLD a par la suite convoqué Jacqueline Rioux à une rencontre pour lui demander si elle accepterait que son mari soit transféré dans un autre établissement.

— Je leur ai répondu : « S'il déménage, il sera perturbé et perdu ! Il va rester ici ! »

Les derniers jours de sa vie sont pénibles. Il a d'épouvantables plaies de lit sur les fesses et les hanches. La morphine réussit à peine à le soulager. Très affaibli, et malgré son atteinte au cerveau, il arrive encore à reconnaître son épouse par moments. Elle reste avec lui durant la dernière nuit, dormant sur un sofa près de son lit. Au petit matin, le 14 janvier 2012, elle retourne à la maison pour prendre une douche et se changer. Avant de partir, elle l'embrasse comme elle le fait toujours en lui promettant qu'ils se reverront dans quelques heures.

Jacqueline Rioux vient à peine d'arriver à son domicile quand elle reçoit un coup de fil du CHSLD. Son époux est

---

8. Extrait du communiqué du Centre d'hébergement Champlain des Pommetiers, CNW, 13 juillet 2011.
9. « Un cas "isolé" », *Le Journal de Montréal*, vendredi 15 juillet 2011, p. 7.

décédé. Elle revient à son chevet comme elle l'a promis. Il semble endormi. Son visage est paisible. N'eût été la dureté de sa peau d'une pâleur crayeuse, elle aurait pu croire qu'il se réveillerait à nouveau. Elle fait une prière tout en balayant une dernière fois du regard l'intérieur de la chambre 140. Puis, sans se retourner, elle quitte les lieux. S'il y avait encore une caméra dissimulée dans un coin pour épier ses moindres gestes, on la verrait essuyer des larmes sur ses joues. Alors qu'elle marche dans le corridor, elle éprouve du soulagement en pensant qu'elle ne reviendra plus jamais dans ce centre où elle a tant pleuré. Elle aurait aimé saluer au passage une dame de 103 ans qui lui a demandé de lui confectionner une robe pour ses funérailles, mais elle ne veut pas la déranger, car elle se repose dans sa chambre. Elle envie le calme et la résilience de cette centenaire. À son âge vénérable, elle est résolue à attendre tranquillement la mort qui rôde sans cesse dans les parages. Ce jour-là, un des derniers gestes de Jacqueline Rioux est de remercier certains membres du personnel pour les soins donnés à son époux.

— Je sais faire la part des choses. Il y a aussi de très bonnes préposées ! Il faut le dire et les encourager à continuer !

Cette triste histoire a créé une véritable onde de choc parmi le personnel et la direction du centre d'hébergement.

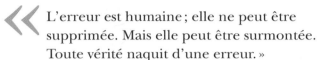

« L'erreur est humaine ; elle ne peut être
supprimée. Mais elle peut être surmontée.
Toute vérité naquit d'une erreur. »

ANDRÉ MAUROIS

— Je ne veux plus m'occuper de ce résidant ! Cette famille a,
elle aussi, placé une caméra dans sa chambre pour me surveiller ! vocifère une préposée aux bénéficiaires, devant ses
collègues de travail stupéfaites.

— Il n'y a pas de caméra ! jure l'épouse du vieil homme
malade.

C'est la panique à l'unité 1 du centre d'hébergement où
demeure l'époux de Jacqueline Rioux. Depuis la diffusion
des images embarrassantes sur les chaînes d'information, des
préposées croient être constamment filmées, peu importe la
pièce où elles se trouvent.

Rose-Aimée Sansoucy est elle aussi inquiète, car elle prend
soin tous les jours du mari de Mme Rioux et craint de devenir
une employée suspecte même si elle n'a absolument rien à
se reprocher. Un soulagement mais aussi une profonde tristesse l'envahissent lorsque les noms des deux travailleuses en
cause se mettent à circuler.

— J'ai failli tomber en bas de ma chaise, affirme-t-elle.
J'ai déjà travaillé avec une des deux femmes dans un autre
CHSLD. Elle était douce et dévouée. Je ne comprends
pas ce qui s'est passé. Je l'ai croisée après son départ. Les
réactions du public l'ont rendue malade. Elle s'est trouvé
un nouvel emploi et ne sera plus jamais préposée aux
bénéficiaires.

Une assistante infirmière-chef, qui supervisait le travail des deux préposées, préfère ne pas être identifiée et me confie qu'elle a été renversée, elle aussi. Pourtant, elle en a vu des choses en vingt-six ans de carrière.

— Les deux employées montrées du doigt avaient plusieurs années d'expérience et aucune note négative à leur dossier. Je connaissais très bien la plus expérimentée. Elle n'a jamais perdu patience devant moi. Je ne sais pas pourquoi elle a agi de la sorte.

Une de ses collègues, elle aussi assistante infirmière-chef chevronnée, s'est longuement interrogée sur la tournure des événements.

— Mme Rioux raconte avoir décelé des ecchymoses sur le corps de son mari sans obtenir d'explications cohérentes de notre part. Mettons les choses au clair. Si un résidant a une blessure, une contusion, les préposées doivent nous aviser. Dans pareil cas, il est essentiel d'inscrire une note dans le dossier du patient pour ensuite avertir la famille. Mais il faut que les incidents soient rapportés et cela n'a malheureusement pas toujours été le cas.

La directrice régionale du Centre d'hébergement Champlain des Pommetiers, Anne Beauchamp, regrette de ne pas avoir pu intervenir à temps pour éviter ce qui s'est passé. Elle a laissé la tempête médiatique s'apaiser avant d'accepter de discuter de cette malheureuse histoire. Il est extrêmement rare que les responsables de CHSLD acceptent de rencontrer les journalistes, car la plupart du temps, peu importe leurs explications, ils seront cloués au pilori.

— Quand un tel événement survient, il est difficile de prendre immédiatement la parole, car les gens ont la perception que nous cherchons uniquement à nous défendre.

À ses côtés, la chef d'unité, Nancy Roy, évoque la très mauvaise expérience qu'ont vécue les employés du centre. Ils ont subi les remarques parfois blessantes de leur entourage et de certaines familles affolées. Quelques-uns des soixante-dix préposés ont dû consulter un psychologue mis à leur disposition sur leur lieu de travail grâce au programme d'aide aux employés.

— Malgré l'agitation, nous avions le devoir de continuer à nous occuper adéquatement de nos résidants, dit Mme Roy, tout en rappelant les consignes aux employés. Ces comportements sont intolérables et inacceptables. Il faut absolument dénoncer les manquements aux règles quand nous en sommes témoins !

Depuis l'ouverture du Centre Champlain des Pommetiers, en décembre 2009, la directrice régionale ne cache pas que deux autres événements ont impliqué des employés au comportement inadéquat qui ont fait subir des violences verbales ou physiques à des résidants. Il s'agissait de gestes non prémédités, mais tout aussi injustifiables. Dans ces cas, des collègues de travail aux aguets ont signalé les fautes. Il n'y a pas eu de congédiements, mais des mesures disciplinaires ont été imposées.

— On doit faire attention quand on visionne les images tournées dans la chambre du mari de Mme Rioux, souligne Mme Beauchamp. On voit uniquement quelques secondes de l'enregistrement. Une préposée s'emporte et dit au septuagénaire qu'elle ne veut plus s'occuper de lui en lançant son casque protecteur sur son fauteuil roulant. C'est indéfendable, on s'entend là-dessus. En contrepartie, vous devez savoir qu'elle tentait depuis vingt minutes de lui expliquer calmement quoi faire.

Elle souhaiterait que les familles n'utilisent pas de caméras cachées, même si elles ont le droit de le faire.

— On vise à bâtir une relation franche avec les familles. La présence d'une caméra, c'est un manque total de confiance !

Ce point de vue n'est pas entièrement partagé par une assistante infirmière-chef qui a bien voulu me parler. Elle est d'avis qu'installer des caméras dans toutes les chambres serait une bonne chose.

— Nous n'avons rien à cacher. Nous ne sommes pas des monstres ! Ça va démontrer ce qu'on fait vraiment ! Nous sommes dévoués et vous le verrez !

Ce dévouement envers les personnes âgées, la préposée aux bénéficiaires Rose-Aimée Sansoucy en a fait preuve durant trente-cinq ans, sans jamais faire parler d'elle dans les médias. Elle vient de prendre une retraite bien méritée.

— Ce n'est pas un métier facile. Il faut connaître nos limites et notre capacité à gérer le stress. Une dame m'a déjà éraflé le visage jusqu'au sang avec ses ongles. J'étais fâchée ! Je me suis aussitôt dirigée vers le poste de garde et j'ai demandé qu'on envoie une autre préposée pour me remplacer. J'ai déjà perdu patience, mais je n'ai jamais malmené mes patients !

Elle constate que la plupart d'entre nous ont une image idyllique de la vieillesse dans les centres d'hébergement.

— Des résidants agités et confus nous frappent, nous crachent au visage presque chaque jour, confirme une autre assistante infirmière-chef. Le mari de Mme Rioux était très agressif. Il lui arrivait de nous mordre quand on lui donnait ses pilules. Ce sont les risques du métier. Si on ne peut pas les accepter, il faut se trouver un autre emploi !

En l'occurrence, ces gestes violents étaient dus à des problèmes cognitifs. Le personnel le savait. À cet égard, il est important de privilégier la stabilité des employés quand des résidants sont atteints de démence : ceux-ci sont alors plus en mesure de reconnaître le personnel soignant qui s'occupe d'eux. C'était pourtant le cas lors des événements rapportés plus haut. Le mari de Mme Rioux connaissait les préposées et les infirmières. Il y avait cependant moins de constance le soir, en raison des congés et des absences pour maladies.

— Malgré de nombreux efforts, on a beaucoup de difficulté à faire du recrutement, admet Mme Beauchamp. Par moments, il faut qu'on ait recours à des agences privées pour nous dépanner durant quelques horaires de travail. Le personnel d'agence connaît moins bien les meilleures approches à avoir avec certains résidants.

Étonnamment, en 2010-2011, il manquait seulement 48 préposés aux bénéficiaires au Québec, alors que le réseau public en emploie 40 000. Mais, en 2017-2018, il faudra pourvoir près de 4 000 postes en raison du vieillissement de la population et des départs à la retraite[10]. Ce métier attire en majorité des femmes. Leur âge moyen est de 44 ans, et elles gagnent entre 17 et 19 dollars de l'heure. Le véritable défi, pas seulement au CHSLD Champlain des Pommetiers, mais dans toutes les régions de la province, ce n'est pas de les former, mais de les garder. Près de 60 % des nouvelles diplômées démissionnent après seulement six mois de travail[11]. Et cette tendance concerne aussi les infirmières auxiliaires.

À leurs débuts, beaucoup de ces préposées ignorent qu'elles devront s'occuper en même temps d'un nombre élevé de résidants. Rose-Aimée Sansoucy avait ainsi la responsabilité de sept personnes âgées en lourde perte d'autonomie, chacune nécessitant quotidiennement plus de trois heures de soins.

— T'as beau être organisée, si tu prends dix minutes pour accompagner un patient à la baignoire le matin, tu vas éviter des crises, des coups, mais tu devras te rattraper ailleurs par la suite. Même chose quand il faut lui accorder vingt minutes pour l'amener aux toilettes. C'est continuellement une course contre la montre où les considérations humaines sont trop souvent mises de côté. Nous devrions avoir chacune un maximum de cinq résidants !

---

10. Selon les perspectives du ministère de la Santé et des Services sociaux du Québec.

11. *Étude diagnostique sur quatre professions du réseau montréalais de la santé et des services sociaux, Rapport final remis à l'Agence de la santé et des services sociaux de Montréal*, Raymond Chabot Grant Thorton, Montréal, février 2011.

La nuit, une préposée doit s'occuper de 22 personnes, alors que chaque infirmière non seulement est responsable de pas moins de 66 aînés, mais doit en plus superviser les infirmières auxiliaires et les préposées, tout en veillant à ce que tout se passe correctement dans l'unité, du bon fonctionnement des toilettes jusqu'à l'accompagnement en fin de vie des malades et de leur famille.

La direction affirme qu'il est difficile d'avoir plus de personnel soignant. C'est une question de financement. Selon la lourdeur des cas, le gouvernement du Québec verse annuellement entre 50 000 et 70 000 dollars pour chacun des 39 000 résidants hébergés dans les CHSLD du réseau public[12]. Ce montant couvre environ les trois quarts des coûts. Au Centre Champlain des Pommetiers, un établissement privé conventionné servant de centre d'hébergement public, les familles doivent mettre la main à la poche et débourser 1 678 dollars par mois pour avoir droit aux services.

— Nous aussi, nous espérons une amélioration du système, concède une assistante infirmière-chef. Le plus difficile, c'est de voir de nombreuses personnes âgées passer leurs journées à ne rien faire. On les lave, on les habille, avant de les installer dans leur chambre ou à la salle de séjour. On organise des activités dans la journée, mais durant de longues périodes elles fixent la télévision ou tentent de chasser l'ennui en regardant à l'extérieur. Au moins 20 % de la clientèle n'a jamais de visite. Des résidants survivent à leur famille ou encore n'ont plus de contacts avec elle. Abandonnés à leur sort, ces oubliés n'ont pas suffisamment de vêtements, de produits de toilette. Nous allons nous-mêmes faire des courses pour répondre à leurs besoins.

Selon Rose-Aimée Sansoucy, certains rendent visite à leurs parents seulement une fois par année, particulièrement dans

---

12. Statistiques du ministère de la Santé et des Services sociaux, octobre 2012.

le temps des fêtes, et sont surpris de la détérioration de leur état de santé.

— «Maman a donc bien maigri! Qu'est-ce que vous lui faites?» demandent-ils. «Papa est méconnaissable», constatent les autres. J'ai envie de leur répondre poliment: «Ça ne vous tenterait pas de venir plus souvent? Vous ne seriez pas si étonnés du processus dégénératif très rapide chez les personnes âgées!»

Elle recommande aux familles d'être présentes le plus souvent possible dans les centres d'hébergement, de regarder ce qui s'y passe, de poser des questions. C'est pourtant ce qu'a fait Jacqueline Rioux. Sa vigilance n'a cependant pas pu empêcher le dérapage de deux préposées qui ont terni l'image de ce CHSLD réputé. Malgré la surveillance accrue et les directives renforcées, aucun centre d'hébergement ne semble totalement à l'abri de drames.

Le salut de l'homme est un trop grand mot pour moi. Je ne vais pas si loin. C'est sa santé qui m'intéresse, sa santé d'abord. »

ALBERT CAMUS, *La Peste*

Le téléphone sonne au bureau du coroner, au onzième étage de l'édifice Wilfrid-Derome, rue Parthenais, à Montréal. Une femme aux cheveux courts et grisonnants répond rapidement. Elle écoute attentivement son interlocuteur de la morgue avant de s'exclamer :

— Non, pas encore ! Parfait, je m'en charge !

Me Catherine Rudel-Tessier se tourne vers moi, l'air exaspéré.

— Je crois que vous aurez bientôt un reportage télévisé à présenter sur les personnes âgées. Une autre dame vient d'être retrouvée dans une résidence privée, brûlée dans l'eau chaude de son bain !

Par respect pour la famille de la victime et pour protéger la confidentialité, elle ne m'en dit pas plus. Il faudra attendre la fin de son investigation, dans quatre ou cinq mois, pour obtenir tous les détails de cette tragédie. Une femme de 81 ans, dont l'autonomie diminuait de plus en plus, a décidé un matin de prendre son bain, seule dans son petit appartement. Un préposé l'a retrouvée inanimée pendant que l'eau chaude coulait toujours sur sa peau en lambeaux. Il n'y avait plus rien à faire.

En trois ans, Me Catherine Rudel-Tessier a produit plus de rapports d'investigation sur les personnes âgées mortes ébouillantées par de l'eau chaude que quiconque. Elle a eu énormément de travail. Depuis l'an 2000, au moins vingt-huit aînés de tous les coins du Québec sont morts après avoir été brûlés par l'eau de leur bain ou de leur douche.

— On ne place pas un bébé à la peau très fragile dans un bain dont la température est trop chaude. Pourquoi est-ce qu'on ne protège pas nos aînés de la même façon? se demande-t-elle. Les résidences privées pour personnes âgées sont des entreprises commerciales qui ont aussi des responsabilités envers leurs résidants. On ne fait pas manger de la viande avariée aux vieillards pour les rendre malades, alors on pourrait s'arranger pour qu'ils ne meurent pas ébouillantés non plus!

La juriste ne fait aucun compromis quand il est question de la sécurité du public. C'est le rôle du coroner de prévenir les décès et de protéger la vie humaine. Après avoir été plusieurs années l'attachée de presse de René Lévesque, elle a été juge dans des tribunaux administratifs, avant de devenir coroner en l'an 2000. Elle n'a jamais ménagé ses interventions publiques en faveur des aînés, elle qui n'a que 60 ans. Elle dit s'inspirer de sa mère, morte à 86 ans.

— Je l'ai vue perdre progressivement ses capacités physiques. Si elle était tombée dans sa baignoire, elle n'aurait jamais réussi à se relever.

Sa mère aurait ainsi pu mourir dans des douleurs atroces comme Willard Wilson, un homme de 94 ans qui demeurait dans un CHSLD de Montréal. Catherine Rudel-Tessier a mené l'investigation sur son décès en 2009. M. Wilson a fait une chute dans sa baignoire. Pour tenter de se relever, il s'est agrippé au robinet d'eau chaude et l'a ouvert par accident, se brûlant au deuxième degré sur 10 % de son corps. En quelques mois, c'était le deuxième décès du genre dans le même centre d'hébergement. La coroner a encore une fois demandé la mise en place d'une norme fixant une température maximale et sécuritaire de l'eau ainsi qu'une inspection du ministère de la Santé[13].

Les conclusions des analyses de ses collègues, dans des cas similaires, se sont longtemps résumées à de simples constats de morts accidentelles sans aucune recommandation. En 2007, le coroner José-Luis Labarias fut un des premiers à aller plus loin en conseillant à la Régie du bâtiment de modifier la réglementation sur la plomberie pour limiter à 49 degrés Celsius la température de l'eau à la sortie des robinets des baignoires et des douches dans les résidences pour personnes âgées[14].

Le Dr Labarias a été marqué par la mort d'un homme de 84 ans, retrouvé inerte dans la baignoire de son appartement, la partie inférieure du corps immergée dans l'eau bouillante. Il avait des brûlures au troisième degré sur une grande partie des jambes et des pieds, et est décédé à l'unité des grands brûlés de l'Hôtel-Dieu de Montréal. Au moment d'entrer dans sa baignoire, il aurait eu des convulsions et a perdu conscience. Quand il a été découvert plusieurs minutes plus tard, le robinet d'eau chaude était encore ouvert.

Quelques jours après la présentation de son rapport, une autre coroner lui emboîtait le pas et suggérait, elle aussi, l'installation d'un dispositif anti-brûlure à la suite du décès d'un homme de 73 ans, qui avait littéralement cuit sous sa douche, écrivait-elle, brûlé au troisième degré sur 95 % de son corps[15].

Même si le Bureau du coroner dénombrait alors annuellement au moins trois décès causés par des brûlures dues à l'eau chaude, sans compter des dizaines de blessés graves, ce n'est que six ans plus tard, en décembre 2012, que le gouvernement

---

13. Rapport d'investigation du coroner, avis A-304722, Bureau du coroner, 10 mars 2010.
14. Rapport d'investigation du coroner, avis 161733, Bureau du coroner, 1er juin 2007.
15. Rapport d'investigation du coroner, avis A-159132, Bureau du coroner, 11 juin 2007.

du Québec a adopté une nouvelle réglementation, après la publication d'un décret du Conseil des ministres.

Les résidences privées pour aînés et les établissements de soins doivent désormais avoir des mélangeurs thermostatiques qui ajustent la température maximale de l'eau à 43 degrés Celsius à la sortie des robinets. De cette façon, les brûlures ne peuvent survenir qu'après plusieurs heures d'exposition. À 49 degrés Celsius, il suffit de deux minutes pour qu'une personne âgée ait des cloques, entre autres parce qu'elle a la peau plus mince et moins vascularisée. Mais attention, il ne faut en aucun cas réduire la chaleur dans les chauffe-eau, car cela pourrait entraîner des risques d'infections liés à la présence de certaines bactéries telles que celle de la légionellose.

Sans les interventions répétées du Bureau du coroner, le gouvernement n'aurait peut-être pas agi dans ce dossier. Chaque année, les coroners analysent un peu plus de 4 000 décès, soit 7 % de tous ceux survenus au Québec[16]. Près du tiers des rapports concernent des personnes de 65 ans et plus[17].

— J'aimerais voir les choses bouger plus rapidement, déclare Me Catherine Rudel-Tessier. Mais il faut être patient. Nous n'avons qu'un pouvoir de recommandation !

Dans son petit bureau illuminé, d'où elle peut voir le pont Jacques-Cartier et une grande partie de Montréal, elle se lève et ouvre un classeur rempli de documents sur les personnes âgées. Erreurs de médicaments, qualité des soins, chutes, abus, tout y passe.

— Plusieurs de mes collègues font face aux mêmes situations et me téléphonent pour avoir des informations et des conseils.

---

16. Rapport des activités des coroners en 2012, Gouvernement du Québec, Québec, 2013, 30 pages.
17. Source : Bureau du coroner, 2012.

Me Catherine Rudel-Tessier a acquis une solide réputation de protectrice des gens âgés en publiant, en 2005, un important rapport d'enquête publique sur les résidences privées. Elle a pavé la voie à des lois et à des règlements sur la gestion de ces établissements pour personnes âgées qui accueillent aujourd'hui environ 115 000 résidants.

— J'ai été renversée par les témoignages entendus lors des audiences. Des intervenants sont venus me raconter qu'il était à ce moment beaucoup plus difficile d'ouvrir un refuge pour des chiens qu'une résidence de personnes âgées !

Elle a étudié méticuleusement cinq dossiers de décès tragiques, démontrant le manque de formation du personnel et de plusieurs gestionnaires, l'encadrement inadéquat des préposés et les lacunes en matière de sécurité. Chutes mortelles, brûlures dans l'eau chaude, strangulation à la suite d'une contention mal appliquée, étouffement avec des aliments dû à un manque de surveillance ont ainsi été portés à l'attention du gouvernement et de la population. Ses conclusions ne laissaient aucune place à l'interprétation.

> *D'abord, il m'apparaît clairement que trop de personnes ouvrent des résidences privées comme elles ouvriraient un commerce quelconque. S'occuper des personnes âgées en perte d'autonomie [...] ne s'improvise pourtant pas. Bien s'occuper de personnes qui ont perdu leur autonomie est exigeant. Nous avons vu d'ailleurs que l'absence de formation et d'expérience pertinentes du personnel (propriétaires et préposés) peut être à l'origine de décès. Une autre constatation, c'est la tendance à ramener les personnes âgées au rang d'objets, d'enfants. [...] L'état du résidant ne peut dès lors que se dégrader de façon importante et accélérée[18].*

---

18. *Rapport d'enquête de Me Catherine Rudel-Tessier, coroner, sur les causes et les circonstances des décès de Mme Irène Murphy, Mme Gisèle Bolduc, Mme Lucia Lefebvre, Mme Micheline Petitclerc, M. Henri Guimond*, Montréal, novembre 2005, 77 pages.

Le gouvernement du Québec n'a pas eu d'autre choix que de modifier la Loi sur les services de santé et les services sociaux pour obliger les résidences privées de personnes âgées à obtenir une certification de conformité.

— Je me réjouis quand je constate à quel point nous pouvons aider les familles des victimes !

Me Rudel-Tessier travaille avec des policiers, des avocats, des techniciens et des pathologistes responsables des autopsies, qui font preuve de beaucoup de sang-froid.

— Je n'ai pas honte de dire que j'ai beaucoup pleuré dans mon bureau, loin des regards, lors d'une de mes premières enquêtes sur la mort d'une personne âgée. C'était au début de ma carrière de coroner. Une dame de plus de 80 ans s'en allait jouer au bingo. Elle s'apprêtait à traverser une intersection lorsqu'un camion l'a heurtée pour ensuite la traîner sur plusieurs mètres. J'étais à la morgue de Montréal, devant son cadavre. Le pathologiste m'a expliqué qu'elle avait dû souffrir terriblement car, selon lui, elle n'était probablement pas morte sur le coup. J'étais habitée par sa souffrance et je me demandais : « Pourquoi faut-il vivre jusqu'à 80 ans si c'est pour mourir ainsi ? »

L'atmosphère des salles d'autopsie ne lui a jamais plu. Au début, elle tentait de refouler son malaise, de s'accrocher à l'aspect scientifique des procédures, mais son corps s'est manifesté malgré elle. Elle s'est mise à avoir des bouffées de chaleur, des étourdissements et des nausées. Il y a quelques années, ébranlée par une dernière visite impossible à oublier, elle a décidé de ne plus fréquenter de tels lieux.

— On m'avait fait venir à la morgue pour voir le corps d'un bébé de trois mois, victime du syndrome de la mort subite du nourrisson. L'enfant avait de longs cils, des cheveux blonds. La pathologiste me parlait, mais je ne l'entendais plus. Je me retenais pour ne pas prendre le bébé dans mes bras afin de le réchauffer ! Je ne peux plus voir d'enfants, d'hommes, de femmes et de gens âgés dans de telles situations. C'est horrible !

Malgré ces moments d'intenses émotions, Catherine Rudel-Tessier, mère de deux grandes filles adoptées en Chine, n'a pas envie de prendre sa retraite avant longtemps.

— Il me reste tellement à faire. J'aimerais, par exemple, que les personnes atteintes d'Alzheimer portent un bracelet GPS afin qu'on puisse les localiser rapidement lorsqu'elles fuguent. Les familles n'auraient qu'à donner leur autorisation. Certains groupes s'y opposent, car selon eux cela brimerait la liberté des malades! Pourtant, combien de personnes âgées sont disparues? Elles ont été retrouvées gelées dans la neige, à quelques pas de leur résidence. Nous aurions pu les sauver!

Elle sait qu'une société sans risques n'existera jamais, mais que cela ne nous empêche pas d'accroître la sécurité. Pour empêcher que les drames se répètent, il faut veiller à ce que l'ensemble des professionnels de la santé déclare tous les décès de personnes âgées, comme l'exige la loi dans les cas de mort violente ou inexpliquée. Certains ne le font pas toujours, par ignorance, parfois par négligence. Je peux en témoigner. En 2011, après avoir reçu un appel anonyme d'une employée d'un CHSLD de Montréal, j'ai moi-même signalé la mort mystérieuse d'une résidante de 64 ans à la coroner Rudel-Tessier. Tout porte à croire qu'elle est morte à la suite d'une chute. On ne le saura jamais avec précision, car son corps avait déjà été incinéré au moment de l'investigation. Me Rudel-Tessier a été cinglante envers le médecin de garde du centre d'hébergement du CSSS Jeanne-Mance à Montréal. Dans le formulaire de décès qu'il a rempli, il suggérait que la mort de cette femme était due à un ensemble de facteurs: chute, insuffisance cardiaque congestive, obésité morbide. Mais il n'a jamais contacté le Bureau du coroner.

Ce faisant, le médecin a contrevenu à son obligation d'aviser le coroner de ce décès qui est à première vue violent […] très peu de temps avant qu'on la retrouve morte, elle se sentait bien, n'émettait aucune plainte. Il est dès lors difficile de penser, malgré son état de santé et ses nombreuses comorbidités, que son décès est naturel, qu'il serait dû à un infarctus par exemple, d'autant plus qu'elle est trouvée dans une mare de sang[19].

Des employées du centre auraient également dû signaler le cas au Bureau du coroner et ne pas déplacer le corps de la victime comme elles l'ont fait. Elles ont confié à Me Rudel-Tessier qu'elles ont trouvé la résidante morte dans sa salle de bain, étendue sur le ventre, le visage ensanglanté. Elles l'ont nettoyée et couchée dans son lit avant l'arrivée du médecin. La famille de la victime a appris la vérité grâce au rapport de la coroner.

Pourtant, les proches ont le droit de savoir ce qui s'est produit lorsqu'un accident ou un incident survient dans un établissement de santé. Le gouvernement en a fait un engagement et une obligation. Il n'a cependant prévu aucune mesure pour punir les gestionnaires, les médecins et les employés qui ne respectent pas la loi.

Il est démontré que la transparence et l'humanisme règlent de nombreux problèmes. Me Rudel-Tessier en est convaincue. Il lui arrive de passer de longues minutes, parfois des heures, au téléphone, pour expliquer aux familles tout ce qu'elle a appris au fil de ses analyses. Certains sont dépressifs et ont besoin de réconfort. D'autres ne peuvent se résoudre à accepter la mort et deviennent parfois agressifs. Elle se contente de les écouter quand il n'y a plus rien à dire. Cela leur fait du bien. Plusieurs la remercient par la suite de leur avoir porté autant d'attention et lui envoient un petit mot ou une carte par la poste.

— Avant votre arrivée, me dit-elle, je m'entretenais au téléphone avec le fils d'un homme de 82 ans décédé

---

19. Rapport d'investigation du coroner, Me Catherine Rudel-Tessier, avis A-315299, Montréal, 4 octobre 2011.

dans un accident de la route. Le véhicule qu'il conduisait a heurté un muret de béton. Il est mort instantanément. Son épouse a été blessée. Le fils craignait que ce soit un suicide déguisé. Je l'ai rassuré. Son père a malheureusement fait un infarctus au volant. Il m'a dit que savoir qu'il ne s'est pas enlevé la vie va l'aider à accepter son départ.

Elle comprend très bien cette réaction. Le suicide est un sujet tabou qu'elle traite avec doigté depuis la conclusion de son premier rapport d'investigation, il y a plus de dix ans.

— Une jeune femme de 19 ans a trouvé son copain du même âge pendu dans un escalier. Après seulement quelques mois de fréquentations, elle venait de lui annoncer qu'elle le quittait. Elle m'a téléphoné quelques jours plus tard. Elle était désespérée. Je lui ai parlé longuement au téléphone, utilisant toutes mes ressources de mère bienveillante, car j'étais convaincue qu'en raccrochant elle allait attenter à sa vie. Au bout d'une heure, j'ai réussi à la convaincre de contacter un psychologue et un groupe d'aide.

Les suicides de personnes âgées la préoccupent tout autant. Elle vient de terminer un rapport d'investigation sur une femme de 68 ans qui habitait dans un immeuble résidentiel dans l'est de Montréal. Un soir de printemps, en colère contre ses voisins, elle s'est enfermée dans son appartement, a ouvert sa porte-fenêtre et s'est jetée du quatrième étage devant de nombreux témoins du troisième âge en état de choc. La victime est morte quelques jours plus tard à l'hôpital. Elle avait des problèmes de santé mentale, de consommation d'alcool, d'isolement. Plusieurs résidants et des policiers avaient tenté à maintes reprises de lui venir en aide, mais personne, même pas les juges des tribunaux, ne pouvait l'obliger à se faire soigner, car, aux yeux de la justice, elle ne représentait pas un danger immédiat, ni pour elle ni pour son entourage.

Bon an mal an, le Bureau du coroner produit plus de 1 000 rapports sur tous les suicides enregistrés au Québec[20]. Cela inclut une centaine d'hommes et une vingtaine de femmes de plus de 65 ans qui s'enlèvent la vie. Ce groupe d'âge n'est pas le premier touché. Les 35-50 ans sont les plus à risque. Cependant, compte tenu du vieillissement de la population, les dernières statistiques indiquent que le taux moyen de suicide chez les 65 ans et plus a augmenté de près de 2 % par année entre 1981 et 2009[21].

Si on se fie aux tendances démographiques, de plus en plus de personnes du troisième âge pourraient s'enlever la vie, ce qui inquiète Me Rudel-Tessier. Elle craint que les causes de certains de ces décès tragiques ne soient pas bien identifiées.

— Une personne de 30 ans est retrouvée morte sans blessure apparente et on soupçonne aussitôt un suicide. Par réflexe, on va faire le décompte de ses médicaments pour déterminer si elle en a absorbé un grand nombre afin de mettre fin à ses jours. S'il s'agit d'une personne âgée, on ne le fera peut-être pas. On va croire à une mort naturelle parce qu'elle n'est plus jeune. À part les vieillards retrouvés un sac sur la tête ou pendus, qui sont véritablement ceux qui se sont enlevé la vie ? Nous avons le devoir de chercher à savoir ce qui s'est réellement passé. Peu importe l'âge que nous avons, la vie humaine est ce qu'il y a de plus précieux !

---

20. Rapport des activités des coroners en 2012, Gouvernement du Québec, Québec, 2013, 30 pages.
21. *La Mortalité par suicide au Québec: 1981 à 2010*, Institut national de santé publique du Québec, 2013, p. 1.

Une détresse trop grande peut conduire au suicide, même si le suicide n'est au fond réellement qu'un appel au secours, entendu trop tard. »

BRUNO SAMSON, *L'Amer noir*

Certains de mes confrères, des caméramans qui m'accompagnent dans des centres d'hébergement ou des unités gériatriques d'hôpitaux, me disent très souvent à la fin d'un reportage qu'ils n'accepteront jamais, quand ils seront âgés, d'être grabataires et totalement dépendants des autres. Ils préféreraient mourir.

Ils font généralement ces commentaires à chaud, bouleversés d'avoir vu des vieillards se promenant en couches dans les corridors des résidences, certains alités après une chute, le visage complètement tuméfié, d'autres s'exprimant de manière incompréhensible à cause de leur démence. Pour se libérer des souffrances que capte leur caméra, et auxquelles personne ne peut s'habituer, ils répètent que la seule alternative à cette misère serait la mort. Je les comprends, mais je demeure circonspect. Comment prédire, des années à l'avance, de quelle manière chacun de nous va réagir devant la sénilité ? L'écart entre ce qu'on dit et ce qu'on fait peut être grand quand on est confronté à la réalité.

Hubert Brunet pourrait vous en parler, s'il était encore vivant. Il est presque certain que son nom ne vous dit rien, à moins que vous fassiez partie de ses proches.

Cet homme avait toutes les raisons d'aimer la vie : une bonne épouse, trois enfants, des petits-enfants, une profession lui permettant de s'accomplir pleinement sans avoir de problèmes financiers. Il était agronome et travaillait pour le gouvernement fédéral. Les terres agricoles bordant le Saint-Laurent n'avaient plus de secret pour lui. Il les avait maintes fois arpentées, se plaisant à humer profondément les odeurs émanant des différentes cultures et à admirer ces étendues à perte de vue.

Son travail avait un autre aspect gratifiant. Il lui permettait de nouer des contacts avec des visiteurs du monde entier. Lorsque des délégations d'agronomes étrangers venaient en sol canadien, ses supérieurs comptaient souvent sur lui pour les accueillir et leur faire explorer les vertes contrées du Québec. Avant l'éclatement de l'URSS, il a ainsi eu l'occasion de discuter avec des fonctionnaires soviétiques au milieu des champs de la province.

Hubert Brunet était très sociable et aimait la nature. Durant ses vacances, il adorait aller à Port-au-Persil, dans Charlevoix, où il avait acheté, dans les années 1970, une maison de campagne avec un grand terrain et un petit verger. C'était l'endroit où les projets germaient dans sa tête. À sa retraite, il voulait y faire un potager. Quand il ne serait pas dans ce havre de paix, il pourrait se rendre en Afrique afin de participer à des projets de développement. Il irait aussi passer quelques mois d'hiver en Floride avec son épouse. Il en parlait en se projetant loin dans l'avenir, sans savoir combien de temps il pourrait travailler. Une chose était certaine, il se sentait encore jeune et prêt à servir le gouvernement durant plusieurs années, même s'il était de plus en plus question de retraite pour ceux qui avaient dépassé le cap de la cinquantaine.

Un jour, ses patrons lui ont fortement conseillé de prendre sa retraite, et il s'est senti vieux pour la première fois de sa vie. Il s'y attendait, car il allait bientôt avoir 55 ans. Il serait souhaitable de céder sa place aux plus jeunes, lui a-t-on fait comprendre. On lui a expliqué qu'il aurait une bonne pension de retraite ; il gagnerait presque autant en restant chez lui qu'en allant travailler. Devant une telle insistance, il s'est senti rejeté, mais a fini par accepter l'offre après des semaines de réflexion. En 1979, M. Brunet a ainsi quitté le travail qu'il effectuait depuis trente ans.

Plutôt que de rester chez lui, il a décidé de s'occuper en faisant du bénévolat. Dans un premier temps, il s'est engagé auprès de l'Hôpital Sainte-Justine, où il a fait preuve d'un dévouement exemplaire : son rôle était de divertir et d'accompagner les enfants malades. Cette expérience n'a cependant pas duré, pour la simple raison qu'elle ne lui procurait pas autant de satisfaction personnelle que son ancien travail. Il s'est ensuite impliqué au sein de l'Association québécoise de défense des droits des personnes retraitées et préretraitées (AQDR), mais il s'est vite blasé. En revanche, sa femme s'est également impliquée dans cet organisme et y a pris goût. Maintenant que leurs enfants volaient de leurs propres ailes, elle s'absentait de plus en plus de la maison pour embrasser de nombreuses causes sociales. C'était devenu une occupation à temps plein pour la femme dynamique qu'elle était. Les rôles étaient désormais inversés : Yvette Brunet travaillait à l'extérieur et son mari restait au foyer.

— Mon père s'est coupé du monde. Il n'avait plus la même reconnaissance qu'au travail. Il a perdu le goût de vivre, me dit sa fille, Lyse Brunet.

Pendant de nombreuses années, cette femme très impliquée dans le milieu montréalais n'a jamais parlé de la tragique histoire de son père à qui que ce soit, même pas à ses amis les plus intimes.

— J'avais peur d'être jugée, de devoir m'expliquer. Je me suis sentie coupable !

— Coupable de quoi ?

— De son décès.

Nous sommes assis sur une terrasse de la rue Saint-Denis. Il fait beau. Les gens sont souriants, heureux de profiter de la vie. Au milieu de cette liesse, Lyse Brunet fait momentanément exception à la joie ambiante bien qu'elle s'exprime avec toute la résilience des gens qui ont fait leur deuil.

— Mon père aurait 89 ans aujourd'hui. Il est mort à 60 ans.

Après avoir pris sa retraite et tenté d'apporter sa contribution à la société en œuvrant au sein de groupes communautaires, Hubert Brunet s'est mis à dépérir.

— J'ai 60 ans, répétait-il. C'est à cet âge que mon père est mort. C'est assez ! Je pense que j'ai assez vécu, moi aussi !

L'homme avait plein de bonnes raisons de vivre, mais il ne les voyait plus. L'amour des siens, l'admiration que lui vouaient son épouse, ses enfants, ses petits-enfants, après une longue carrière bien remplie, ne lui suffisaient pas. Il y avait un vide en lui que rien ne réussissait à remplir.

— Papa, on ne peut pas vivre à ta place ! Nous t'aimons ! Tu es formidable ! Tu peux encore faire beaucoup de choses. Tu es agronome, sociologue, et surtout tu as de nombreuses années devant toi pour aider le monde !

Quand elle osait lui parler sur ce ton, dans l'espoir de le sortir de sa torpeur et de raviver la flamme en lui, Lyse Brunet percevait l'immense vide qui l'habitait. Il se reflétait dans ses yeux égarés, dans ses silences affolants.

Il consultait son médecin de famille et prenait des antidépresseurs. Il n'était cependant pas question pour lui d'aller voir un psychologue ou un psychiatre.

— Je ne suis pas fou ! hurlait-il quand il se fâchait.

Plus jeune, vers l'âge de 30 ans, il avait déjà connu un épisode dépressif et avait dû s'absenter du travail pendant deux mois. Cela avait été gardé secret, car dans les années 1950 et 1960, la dépression était perçue par plusieurs comme une forme d'aliénation.

— Je pense que je fais de la démence précoce, se plaisait-il à répéter pour se convaincre qu'il était vieux, et non dépressif.

Sa famille croyait qu'il avait simplement besoin d'attention, qu'il finirait par reprendre du poil de la bête grâce à sa médication.

Le 11 juin 1984, son épouse, lasse de l'entendre se plaindre, se rend à bicyclette chez sa fille, qui demeure à quelques rues de là.

— Je suis très inquiète pour ton père. Ça va de mal en pis et je ne sais plus quoi faire !

— Ne t'en fais pas trop, maman, lui dit Lyse pour l'encourager, il ira mieux.

Yvette Brunet rentre à la maison quelques heures plus tard. Le simple fait d'avoir discuté avec sa grande fille lui a fait du bien. En ouvrant la porte, un étrange pressentiment s'empare subitement d'elle.

— Hubert ! Hubert ! Où es-tu ?

Elle regarde dans la cuisine, le salon, la chambre à coucher. Aucune réponse. Une ambiance oppressante pèse sur la demeure. Elle gagne alors la salle de bain, et, à l'instant où elle ouvre la porte, elle se met à crier. Son mari s'est pendu dans la douche. Paniquée, elle sort en courant, appelle la police, puis téléphone à sa fille Lyse en pleurant.

— Il l'a fait ! Il l'a fait ! Ton père est mort ! Il s'est suicidé !

Quelques jours plus tard, lorsque le corps d'Hubert Brunet est exposé au salon funéraire, ce n'est cependant pas ainsi que sa disparition est présentée. Ses parents, ses amis sont consternés d'apprendre qu'une crise cardiaque l'a emporté à seulement 60 ans. Tout le monde y a cru pendant longtemps, car il avait déjà eu de petites alertes des années auparavant.

— Nous avons vécu, mes sœurs, ma mère et moi, avec ce lourd secret durant plusieurs années. C'était extrêmement difficile d'en parler !

La vérité ne commence à circuler dans la famille qu'une décennie après le drame, quand un frère d'Hubert Brunet s'enlève la vie, lui aussi.

— Une de mes tantes m'a téléphoné, se rappelle Lyse Brunet, et m'a demandé si mon père s'était suicidé. Je ne pouvais plus taire ce qui lui était arrivé.

Les campagnes de sensibilisation au suicide menées depuis quelques années l'ont beaucoup aidée dans son cheminement. Les personnes concernées ne sont plus stigmatisées. Elle est loin d'être la seule à survivre, accablée par la peine et la crainte des réactions de ceux qui jugent les autres en se croyant eux-mêmes à l'abri de la mort volontaire. Au Québec, pour chaque suicide réussi, il y a en moyenne dix proches endeuillés, ce qui équivaut à une foule de 11 000 personnes chaque année[22]. Vous faites peut-être partie de ces victimes collatérales que personne ne pense à aider.

Aujourd'hui, Lyse Brunet comprend mieux le désarroi de son père. Une fois la décision d'Hubert Brunet prise, les chances de le sauver étaient minces. Dans tous les groupes d'âge, on dénombre un suicide réussi pour vingt tentatives. Plusieurs rescapés ne recommenceront jamais. Par contre, chez les personnes âgées, le taux est de un suicide réussi pour quatre tentatives[23]. Le désespoir, la maladie, la solitude, les troubles mentaux peuvent entraîner l'irréparable.

Difficile de dire combien de personnes âgées vivant à domicile sont dans cette situation et cet état d'esprit. Mais, selon le rapport Kirby publié il y a quelques années, la maladie mentale sous toutes ses formes est de plus en plus présente en institution.

Dans les centres d'hébergement, la prévalence des troubles mentaux incluant les démences serait de 80 à 90 %,

22. « Ici, on tient à chacun – 22e Semaine nationale de prévention du suicide, du 5 au 11 février 2012 », communiqué de l'Association québécoise de prévention du suicide, Montréal, 31 janvier 2012.

23. Sylvia Leblanc, Gisèle Leroux, Suzanne Malo et Carole Roux, *Santé mentale et personnes âgées, S'outiller pour intervenir ensemble*, Direction générale adjointe, services d'hébergement, Centre de santé et services sociaux Jeanne-Mance, Montréal, 2009, 206 pages.

la prévalence des psychoses serait de 12 à 21 %, l'incidence de la dépression serait de trois à quatre fois supérieure chez les résidants en centres d'hébergement par rapport à la population en général[24].

On croit que toutes les personnes âgées deviennent totalement inoffensives avec les années, qu'elles ne peuvent plus causer de tort aux autres et à elles-mêmes. À cause des maladies mentales, il peut cependant survenir des événements totalement imprévus et dangereux.

24. *Santé mentale, maladie mentale et toxicomanie : aperçu des politiques et des programmes au Canada*, Rapport provisoire du Comité sénatorial permanent des affaires sociales, des sciences et de la technologie (premier rapport Kirby), 2004, www.troubleshumeur.ca/documents/Publications/ Mental % 20health % 20mental % 20illness % 20and % 20addiction_ Report % 201_FR. pdf.

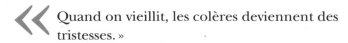

« Quand on vieillit, les colères deviennent des tristesses. »

HENRY DE MONTHERLANT, *La Reine morte*

— Le travail accapare toutes mes journées ! Le temps passe trop vite et ne reviendra jamais !

Marlena Cardoso est imprégnée de cette pensée et réfléchit à voix haute en conduisant ses jumeaux de 5 ans à la garderie en ce matin du 14 juillet 2009. Comme ils ont grandi dernièrement ! Elle aimerait profiter davantage de chaque instant et rester toute la journée avec eux, au lieu de les déposer au centre de la petite enfance, mais il faut bien travailler pour assurer la subsistance de la famille. Elle les embrasse affectueusement en leur promettant de revenir les chercher en fin d'après-midi, puis se rend, quelques rues plus loin, à la résidence privée pour personnes âgées où, depuis son ouverture en 2005, elle occupe un poste d'infirmière auxiliaire.

L'édifice, qui compte 143 unités de logements, est situé dans le quartier Saint-Léonard, à Montréal, et accueille des retraités autonomes et des résidants atteints d'Alzheimer. Le ciel est assombri de nuages, et l'atmosphère est lourde et humide. Quelques locataires font malgré tout leur promenade matinale, arpentant à pas lents le trottoir qui borde l'entrée, près d'une fontaine où l'eau d'une transparence cristalline jaillit en abondance, au milieu des fleurs et des bosquets verdoyants.

Marlena Cardoso les salue amicalement et se précipite à l'intérieur du centre où de nombreux autres résidants comptent chaque jour sur elle pour recevoir leurs soins. Elle les connaît presque tous par leur prénom et les traite avec respect. Elle leur accorde des attentions délicates et les soulage temporairement de leurs malaises, ce qui lui donne la certitude d'avoir choisi le plus beau métier au monde.

Une dizaine d'années auparavant, apprenant qu'une résidence privée de son quartier recrutait des préposées aux bénéficiaires, elle avait tenté sa chance et était entrée pour la première fois dans un centre d'hébergement. Elle avait alors 20 ans. Embauchée après une formation intensive de six mois, elle avait vite réalisé l'étendue des tâches à accomplir. Sa première journée de travail avait débuté de façon éprouvante et l'avait d'emblée ramenée à la réalité. Accompagnée d'une préposée expérimentée, Marlena devait faire la toilette d'une femme âgée de 90 ans.

— Quand la dame est entrée dans la douche, ma collègue lui a enlevé sa perruque. Je croyais que c'était ses cheveux naturels ! J'ai été surprise de la voir complètement chauve et je me suis mise à crier. La dame est devenue agressive. Elle se débattait et voulait me faire mal. J'ai pleuré. Quand on est jeune, on pense qu'ils sont tous beaux et gentils !

Elle n'a jamais pu oublier non plus la première fois où elle a été confrontée à la mort. Une femme très âgée, en phase terminale, venait de rendre l'âme. La coordonnatrice de l'unité lui a demandé de l'accompagner dans la chambre de la défunte, mais Marlena avait très peur.

— En voyant mon visage pâlir, elle a compris que je ne me sentais pas bien du tout. Elle n'a pas jugé et m'a dit de rester en retrait afin d'observer ce qu'elle faisait. Cela pourrait me servir un jour.

Malgré sa crainte de ne pas réussir, Marlena a persévéré dans son travail et est finalement restée dans ce CHSLD, découvrant ce qu'est le vieillissement dans toute sa beauté et toute sa détresse. Elle a lavé les résidants en perte d'autonomie, les a fait manger, a marché des kilomètres avec eux dans des corridors sans ornements. Puis, après quelques années, la jeune femme a décidé de suivre un cours d'une durée de deux ans pour devenir infirmière auxiliaire, tout en continuant à travailler à temps plein comme préposée, le soir et les fins de semaine. Après l'obtention de son diplôme, elle a accompagné des centaines de patients malades, les a vus perdre toutes leurs capacités physiques et intellectuelles, souvent en quelques mois, et a tenu la main de plusieurs d'entre eux le jour de leur décès.

— Ces moments ont été les plus pénibles, car il est impossible de s'habituer à la mort. Chaque fois que je perdais un résidant, on aurait dit qu'une partie de moi-même s'en allait pour toujours. J'avais peur de la vieillesse !

L'infirmière dévouée porte ce lourd bagage d'expérience lorsqu'elle se rend encore une fois au travail, à la résidence Les Jardins de l'Aubade, dans le quartier Saint-Léonard, le 14 juillet 2009. Tout se déroule bien jusqu'au début de l'après-midi. Son supérieur lui mentionne alors qu'un résidant de 84 ans, en colère, s'est présenté un peu plus tôt à la réception du centre.

— Il se plaignait et a mentionné ton nom à de nombreuses reprises, lui dit-il. Je n'ai rien compris. Tu devrais peut-être vérifier ce qui se passe.

Elle tente de joindre au téléphone l'octogénaire qui se terre dans sa chambre. Il ne répond pas. Une femme de ménage va frapper à la porte de son appartement. Il ne donne pas davantage signe de vie. Vers 14 h 15, Marlena réussit finalement à lui parler.

— Bonjour, monsieur Gentili. Ça ne va pas ? Voulez-vous venir nous rencontrer à la réception ?

— Oui, bien sûr, répond-il, d'une voix monocorde.

Elle le connaît suffisamment pour savoir qu'il lui cache quelque chose. Il n'est plus fâché, mais sa voix est étrange. Elle l'attend en vaquant à ses occupations. Grâce au système de vidéosurveillance qui assure la sécurité des lieux, elle le voit quitter son appartement en fauteuil roulant et embarquer dans l'ascenseur du sixième étage. Quelques minutes plus tard, il apparaît devant le comptoir de la réception. Il ne semble plus tout à fait le même depuis leur dernière rencontre, il y a plusieurs jours.

— Vous vous êtes fait pousser une belle moustache! le complimente Marlena.

— Merci, répond-il machinalement.

— Venez. Entrez dans mon bureau, lui dit-elle sur un ton cordial.

Il roule tranquillement dans sa direction. Environ trois mètres les séparent, lorsque, tout à coup, il sort une carabine dissimulée entre une de ses jambes et le panneau de protection latéral de son fauteuil roulant.

— C'est quoi, ce jouet-là? lui demande-t-elle, convaincue qu'il s'agit d'une blague de mauvais goût.

Elle se laisse prendre au jeu et esquisse un sourire narquois lorsqu'une détonation retentit. Boum! Un projectile tiré à bout portant lui transperce la peau et la fait tituber.

— Je me suis dit: «Ça y est, je vais mourir! Mon mari, mes enfants! Qui va prendre soin d'eux?» Je m'entendais crier comme si j'étais mourante et déjà loin de mon corps. C'était un cri animal que je ne pourrai jamais effacer de ma mémoire!

De nombreux employés accourent. Ils ont entendu un bruit violent mais ne savent pas encore ce qui se passe. Marlena est debout face à son agresseur, les mains ensanglantées, collées sur sa poitrine. Plusieurs personnes s'agitent autour d'elle alors que son supérieur se précipite pour désarmer le tireur, ce qu'il parvient à faire avec difficulté tant celui-ci est énervé.

— Composez le 911! Composez le 911! crie un des employés.

— Mon cœur! C'est mon cœur! hurle Marlena.

Elle étouffe. Certaine de ne pas tenir le coup si elle reste debout, elle se laisse choir dans un lourd fracas. Une voix caverneuse résonne dans ses oreilles.

— T'es correcte ! Ça va bien aller ! lui dit une compagne de travail, en tentant de la rassurer.

— Mes enfants ! Je veux voir mes enfants ! répète-t-elle sans cesse.

Son ventre est pourpre de sang. Quelqu'un y exerce une pression pour maîtriser l'hémorragie. Elle apprendra plus tard qu'il s'agit d'un collègue de la cuisine qui n'a pas hésité un seul instant à lui porter secours en attendant l'arrivée des ambulanciers. Elle respire difficilement mais ne perd jamais conscience. Durant son transport au centre de traumatologie de l'Hôpital général de Montréal, les secouristes lui donnent de l'oxygène pour l'aider à respirer et la calmer. Sa douleur s'amplifie à chaque nid-de-poule que rencontre l'ambulance.

— Quand je suis arrivée aux urgences, un jeune médecin m'a dit en anglais : « *Do you know how lucky you are to be alive ?* » Je ne sais pas pourquoi mais, en attendant de réaliser que j'étais effectivement chanceuse d'être en vie, je me suis mise à vomir.

Traumatisée, elle est conduite en salle d'opération. Un seul projectile l'a touchée, mais les fragments ont fait beaucoup de dégâts en ressortant par le thorax, près du cœur. Son omoplate et sa clavicule gauches sont en bouillie. Plusieurs mèches, introduites dans son torse, aideront à guérir ses plaies. Deux autres interventions chirurgicales seront ensuite nécessaires pour la sauver une fois pour toutes.

Fortement médicamentée durant les premiers jours, Marlena dort beaucoup. Lors de ses brefs réveils, elle souffre énormément et ne cesse de penser à ses enfants, à son mari. Elle ne veut pas les abandonner. Une semaine après le drame, elle croit rêver lorsqu'elle entend la voix de ses jumeaux dans le corridor de l'hôpital. Ce sont bien eux. Ils arrivent avec son époux et hésitent tout d'abord à s'approcher de son lit, étonnés de la voir branchée à des appareils inquiétants qu'ils n'ont jamais vus.

— Venez près de moi ! N'ayez pas peur !

Sa petite fille et son petit garçon s'approchent, l'air piteux, sans prononcer un seul mot, et la couvrent de baisers. Elle fond en larmes. Ils la dévisagent. Leurs regards innocents sont interrogateurs. Ils hésitent avant de la questionner.

— Est-ce que tu as mal, maman ?

— Non, ça va bien. Je vais revenir bientôt à la maison !

Pour ne pas leur faire peur, elle renonce à leur dire la vérité. Elle se plaint plutôt d'avoir fait une grave chute dans un escalier. Ils ne cherchent pas à en savoir davantage et continuent à l'embrasser et à la cajoler. Elle leur manque beaucoup.

Durant le mois où Marlena Cardoso reste hospitalisée, plusieurs médecins et psychiatres sont à son chevet. Elle reçoit beaucoup d'attention. De nombreux amis, des collègues de travail et des membres de sa famille qu'elle n'a pas vus depuis longtemps la visitent à tour de rôle, puis cessent graduellement de le faire, trop occupés par leur vie personnelle. Commence alors une période de profonde solitude. Marlena est dépressive et pleure sans cesse. La médication n'a pas d'emprise sur sa détresse. La jeune femme éprouve tant de souffrance morale et physique qu'elle en vient à se convaincre que seule la mort pourrait la libérer. Inquiet, son mari l'invite à combattre ses pensées négatives.

— Crois-moi, le temps va arranger les choses ! lui répète-t-il.

Il sait de quoi il parle. À 40 ans, il a eu une tumeur au côlon qui aurait pu l'emporter si elle n'avait pas été décelée à temps. Pour ne pas sombrer, il a tout fait pour se changer les idées en rencontrant des gens qu'il aime. Cela devrait aussi fonctionner pour sa femme, croit-il. Trois jours après son congé de l'hôpital, il lui suggère de rendre visite à ses parents à Laval. Cette sortie semble lui faire du bien jusqu'à ce qu'ils empruntent le pont Pie-IX pour revenir chez eux à Montréal. Sur le siège passager, Marlena a de plus en plus de difficulté à respirer et suffoque.

— Je n'en pouvais plus. Comment pouvais-je continuer à exister ? Je faisais une crise de panique. L'idée m'est passée par la tête d'ouvrir la portière de l'automobile en marche et de me jeter en bas du pont. Heureusement, je ne suis pas passée à l'acte parce que, encore une fois, mon mari a su me raisonner.

Après cet épisode douloureux, les choses se replacent avec l'ajustement de ses médicaments. Marlena est désormais persuadée de pouvoir s'en sortir seule. L'infirmière auxiliaire se croit infaillible, car elle a l'habitude de soigner les autres. Pas question d'être malade. Son corps meurtri a certes besoin de nombreuses séances de physiothérapie et d'ergothérapie – l'incapacité physique de son bras et de son épaule gauches atteint près de 20 % –, mais il n'est pas dans ses plans d'aller consulter un psychologue. Pourtant, elle en aurait grandement besoin.

Lorsqu'elle quitte sa résidence, elle se méfie constamment des conducteurs assis dans leur véhicule stationné en bordure de son entrée principale. Ils l'attendent certainement pour lui faire du mal. Son cerveau invente des scénarios dignes d'un roman d'espionnage. Elle croit que des méchants l'ont placée sur écoute électronique et que des caméras la suivent partout pour épier ses moindres gestes.

Son mari ne veut pas la perdre. Il la supplie d'aller chercher de l'aide. Elle pile finalement sur son orgueil et prend rendez-vous à l'Hôpital Louis-Hippolyte Lafontaine. Une fois par semaine, durant plusieurs mois, des thérapeutes l'écoutent, la conseillent. Sa situation s'améliore grandement, mais une rechute est toujours possible. Elle survient malheureusement un soir, sans prévenir, lorsqu'elle ressent une frayeur extrême en apercevant les gyrophares d'un véhicule de police par une fenêtre de sa maison. C'est la panique. Elle marche de long en large, effarouchée, comme un animal en cage, certaine que sa derrière heure est arrivée. Elle est persuadée que les agents la recherchent et s'apprêtent à ouvrir le feu sur elle.

— Dis-moi que ce n'est pas vrai ! crie-t-elle à son mari désemparé.

Ses pleurs résonnent dans la demeure, réveillent un des jumeaux, tourmenté par la peine de sa mère. C'est sa fille. Elle s'approche de Marlena, sa coccinelle en peluche sous le bras.

— Maman, qu'est-ce que tu as ?

— Rien. Je suis seulement fatiguée !

— Je t'entends pleurer et tu me fais pleurer !

Ces simples mots d'enfant la ramènent à la réalité, mais pour combien de temps ? Marlena aura besoin de plusieurs autres rencontres avec un psychologue pour prendre conscience de la profondeur des plaies de son âme. Elle porte en elle une grande culpabilité : elle croit en effet avoir provoqué la fusillade et la folie de l'octogénaire parce qu'elle ne lui a pas donné de bons soins. Elle est devenue un fardeau pour sa famille et n'est plus la *superwoman* qui peut tout faire à la maison. Le regret de ne pas être allée chercher ses enfants à la garderie le jour de la tragédie continue également à la hanter. Elle leur avait promis de revenir. Qu'ont-ils pensé ? Finalement, la rancœur à l'endroit de son agresseur explose lors d'une séance de thérapie. Elle se déchaîne. Il lui a volé sa carrière, son avenir, et a bien failli enlever une mère à deux jeunes enfants sans défense.

— Pourquoi a-t-il fait cela ? Pendant quatre ans, j'ai été comme une fille pour lui. Il venait dans mon bureau. On riait. Je téléphonais à sa famille en Italie pour leur donner des nouvelles. J'étais toujours prête à l'aider. J'ai pris conscience qu'il n'y a qu'une seule explication à cet acte insensé. M. Gentili a agi de la sorte parce qu'il était malade. C'est tout.

Après son arrestation, Celso Gentili est demeuré incarcéré dans une prison provinciale en attendant sa comparution. Sept accusations ont été déposées contre lui, notamment tentative de meurtre, utilisation d'une arme à feu dans un dessein dangereux et voies de fait à l'endroit d'un des propriétaires de la résidence qui a tenté de le maîtriser après l'agression. L'enquête policière a démontré que l'arme de chasse de calibre 12 que possédait le vieillard était dûment enregistrée et légalement entreposée dans sa chambre. La justice a décidé de lui faire subir une évaluation psychiatrique à l'Institut Philippe-Pinel. En février 2010, l'homme, âgé de 85 ans, était acquitté : des psychiatres avaient établi qu'un délire paranoïde de persécution était à l'origine de son geste. En conséquence, il ne pouvait être tenu criminellement responsable de ses actes. L'ancien pâtissier s'était mis dans la tête que son infirmière auxiliaire lui avait volé un moule à gâteau et était injuste avec lui. Il devait l'assassiner.

Ce malade, qui souffre également de diabète et de problèmes cardiaques, a par la suite été admis à l'Hôpital Louis-Hippolyte Lafontaine. Depuis l'hiver 2012, on l'autorise à sortir temporairement de l'établissement en compagnie d'une de ses nièces.

— Je ne l'ai jamais revu. Je me suis quelquefois demandé si je devais lui écrire pour lui demander de m'expliquer son crime. Même si je sais que la maladie l'a poussé à agir, j'aurais souhaité recevoir ses excuses.

En y repensant bien, Marlena se dit qu'elle aurait dû se méfier de cet homme. Quelques mois auparavant, alors qu'il avait fait une erreur en prenant ses médicaments pour le diabète, elle l'avait rappelé à l'ordre en compagnie du médecin du centre. M. Gentili avait ensuite soutenu devant d'autres résidants qu'elle tentait de le tuer.

— Mais comment savoir? Les commentaires désobligeants font partie de notre travail. Certaines personnes âgées perdent des objets à cause de leur mémoire défaillante et nous traitent de voleuses. Des dames jalouses nous qualifient de putains parce que nous prenons soin de leur mari. La maladie mentale perturbe leurs comportements. On en parle rarement.

Marlena Cardoso aurait voulu faire davantage pour ses nombreux résidants. Même dans leurs délires, elle savait leur parler et les comprendre. Pour plusieurs, elle remplaçait la fille qu'ils ont eue et qui ne vient plus les voir depuis trop longtemps.

— Des aînés m'ont dit : « Ça fait trente ans que je n'ai pas vu ma fille ou mon fils. » Ça fait mal d'entendre de telles confidences !

En les côtoyant assidûment, elle a appris des valeurs essentielles. D'abord, la vie passe trop vite. Il ne faut pas avoir de regrets, car, dans cent ans, il y a fort à parier que plus personne ne se souviendra de nous. Autre certitude : le moment présent compte plus que tout. Il faut aimer les gens qui nous entourent, car ils ne seront pas toujours là.

Marlena Cardoso tente d'apprendre un nouveau métier. Elle ne travaillera plus jamais comme infirmière auxiliaire. Elle n'en a plus la force. Les séquelles sont nombreuses. La douleur est constante. Elle a du mal à bouger le bras gauche et ressent des engourdissements jusqu'au bout des doigts. Quand elle se regarde dans un miroir, elle voit de grosses cicatrices sur son thorax, ses « tatouages de vie », comme elle les appelle. Elle a dû réapprendre à s'aimer.

Heureusement, ses enfants lui font oublier ses lancinations, ses malheurs. Un après-midi, elle est allée les chercher à l'école. Sa fille semblait inquiète.

— Maman, mon amie a eu peur hier. Son père était en retard à la maison et elle croyait que quelqu'un avait tenté de le tuer avec un fusil !

— Voyons, tu crois que c'est possible ?

— Peut-être.

— Comment réagiriez-vous si je vous disais que quelqu'un a déjà tenté de me tuer ?

— Non, ça ne se peut pas ! s'est exclamé son fils.

— Vous vous souvenez quand j'étais à l'hôpital ? C'est parce qu'un monsieur m'a tiré dessus avec une arme, et non pas parce que je suis tombée dans un escalier.

Les jumeaux, bouche bée, ne parlaient plus.

— Ça vous fait peur ? leur a-t-elle demandé.

— Ce n'est pas que ça nous fait peur, lui a répondu du tac au tac sa fillette de 8 ans. Ça nous fait de la peine pour toi !

Ils n'ont pas tenté d'en savoir plus sur les circonstances du drame. Dans leur cœur désolé, ils s'imaginent ce que leur mère continue à endurer et sont d'une gentillesse extrême avec elle. Ils lui demandent souvent si elle souffre, si elle a besoin d'aide, si elle a envie de pleurer.

— Un jour, je leur dirai tout. Ils sauront que lorsque c'est arrivé, j'ai pensé si fort à eux et à mon époux que cet amour m'a sauvé la vie. Entre-temps, je remercie le bon Dieu au moins vingt fois par jour. Je ne suis pas morte et je veux vivre le plus longtemps possible. La vieillesse ne me fait plus peur !

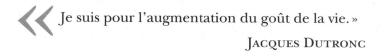 Je suis pour l'augmentation du goût de la vie. »

JACQUES DUTRONC

— Je veux vivre encore plusieurs années ! À 87 ans, je pourrais être morte. Tous les jours je me trouve chanceuse d'être vivante et je profite de la vie !

La femme assise devant moi me fixe droit dans les yeux en prononçant cette déclaration d'amour pour la vie. Au sommet du vaste appartement aux grandes baies vitrées qu'elle habite depuis plus d'un tiers de siècle, au centre-ville de Montréal, elle aurait toutes les raisons du monde de me regarder de haut tant sa stature artistique est imposante : six décennies de carrière, six cents heures de dramatiques, vingt-cinq prix et distinctions de toutes sortes et, depuis quelques années, sa renommée littéraire. Elle me charme par sa façon simple de me considérer d'égal à égal et la sincérité de ses confidences, malgré les trente-quatre années qui nous séparent.

J'ai pourtant l'étrange sensation d'avoir vieilli en sa compagnie. La première fois que je l'ai vue à la télévision, elle cueillait des pommes dans un arbre. Je ne sais pas pourquoi, mais je n'ai jamais oublié cette image croquée au petit écran durant une soirée de mon enfance. À 5 ou 6 ans, j'avais la permission pendant mes vacances de m'asseoir sagement à côté de ma grand-mère avant d'aller au lit et de regarder sur son vieux téléviseur de bois verni RCA un bout de l'émission qu'elle co-animait à Télé-Métropole. C'était un jeu-questionnaire intitulé *Adam et Ève.*

Quelques années plus tard, en 1969, elle secouait le conformisme de l'époque en écrivant un téléroman qui parlait des vraies histoires de famille, abordant avant les autres des sujets délicats comme l'amour chez les adolescents, la drogue ou les menstruations. Le dimanche soir, ma mère ne voulait jamais manquer *Quelle famille!*, une émission couleur de Radio-Canada mettant en vedette Fernande, une mère de famille émancipée du quartier Rosemont, à Montréal. Elle était jolie et ressemblait beaucoup à mon institutrice de sixième année, elle aussi très avant-gardiste dans sa façon de nous enseigner les préceptes de l'éducation sexuelle (peut-être avait-elle été inspirée par *Quelle famille!*). Il m'est arrivé par la suite de voir plusieurs de ses émissions dramatiques. Elle innovait constamment et donnait vie à de fascinants personnages qui nous entraînaient dans l'univers de l'homosexualité, de l'itinérance, de la vieillesse, etc.

Janette Bertrand a profondément marqué mon imaginaire télévisuel, et j'ai ressenti des ondes très positives quand elle m'a ouvert la porte de sa demeure. C'était à la fin octobre, à l'automne de sa vie. Je voulais qu'elle me parle de sa carrière exceptionnellement longue, du temps qui passe inexorablement et du bien-être qu'on éprouve lorsqu'on reste jeune dans sa tête.

— Les gens sont curieux d'apprendre comment les autres vieillissent, me dit-elle naturellement, pour me mettre à l'aise.

Elle m'invite alors à la suivre dans son salon, même si c'est la première fois que nous nous rencontrons en privé, et je comprends pourquoi tant d'hommes et de femmes ont brisé des tabous en se confiant à elle lors de ses nombreuses émissions. Elle prend le temps d'écouter les autres, de les apprécier, peu importe leur statut social et leur âge. Cette bonté, cette empathie, lui vient certainement en grande partie de ce qu'elle a vécu pendant sa jeunesse. Sa mère ne mettait jamais ses qualités en valeur et l'abaissait, ce qui, à bientôt 90 ans, lui fait encore douter de ses remarquables compétences quand elle reçoit un grand prix : elle est encore convaincue que les honneurs devraient revenir à d'autres. Certaines blessures ne peuvent jamais disparaître complètement.

— En vieillissant, on réussit tout de même à prendre du recul. Quand j'avais 50 ou 60 ans, j'étais confrontée à mes problèmes, à ceux des autres. Tout était grave. Maintenant que je suis beaucoup plus âgée, rien n'est catastrophique parce que j'ai presque tout vécu, et je sais qu'on finit toujours par s'en sortir. Je suis optimiste et douée pour le bonheur !

Avant que j'arrive, elle a passé deux heures dans son bureau à écrire à l'ordinateur quelques pages de son quatrième roman. Mon intrusion lui permet de faire une pause. Elle se remettra au travail, durant deux autres heures, après mon départ. Elle ne déroge presque jamais à cette discipline quotidienne, cette gymnastique du cerveau. L'été, au rythme de la nature, elle écrit sur le bord d'un lac dans la région de Lanaudière, où elle venait avec son père quand elle était enfant. Ces dernières années, elle a fait la même chose durant quelques semaines en Martinique, pour fuir le froid et l'humidité hivernale. Je la trouve fabuleuse d'écrire si intensément malgré sa dyslexie. Par exemple, elle ne réussit jamais à rédiger du premier coup le mot « œil », car elle mélange les voyelles.

— Si on arrête de travailler, de se creuser les méninges, on vieillit. Je suis contre la retraite à ne rien faire ! Dans notre société judéo-chrétienne, le travail est encore considéré comme une punition de Dieu. Je trouve ça plutôt valorisant de travailler. On rencontre du monde. On découvre de nouvelles idées. On se réalise !

Cette leçon importante, elle l'a tirée après la mort de son père. Il avait l'âge qu'elle a aujourd'hui, 87 ans, quand il est parti. Avec le recul, elle constate qu'il a commencé à vieillir beaucoup plus rapidement le jour où il a cessé de travailler à la mercerie pour hommes qu'il avait fondée dans l'est de

Montréal. Pour passer le temps, il jardinait, faisait des voyages en Floride et en Espagne, mais il s'ennuyait de sa clientèle, de son public. Pour combler ce vide affectif, il allait parfois jusqu'à l'arrêt d'autobus le plus proche de chez lui pour faire la conversation aux personnes qui attendaient sur un banc. Quelquefois, il ramenait à la maison des inconnus, simplement pour ne pas être seul. Janette Bertrand, elle, ne veut pas se contenter du temps qui passe et le raconte dans sa biographie. « Mon père, quand il a cessé de travailler à son magasin, a fini par se laisser mourir […] Ne rien faire rend malade, ne rien faire tue. Me tuerait[25]. »

— Je sais aussi que pour rester jeune, on doit côtoyer des jeunes ! Mon chum a vingt ans de moins que moi. La pire chose à faire, c'est de fréquenter uniquement des vieux et de parler constamment de problèmes de santé, de la tristesse de la vie et de l'ingratitude des enfants !

Elle n'est pas la seule à croire à cette recette prodigieuse. L'actrice américaine Jane Fonda, aujourd'hui âgée de 75 ans, a révélé en entrevue « qu'en s'ouvrant aux plus jeunes, en devenant un mentor, en transmettant son savoir, on vit vieux et beaucoup mieux[26] ». C'est ce qu'on appelle la « générativité », un mot-valise inventé par le psychanalyste de réputation internationale Erik Erikson pour signifier que les plus vieux sont pour les générations suivantes une source de générosité et de créativité.

— Je donne constamment des cures de rajeunissement à mes neurones !

Janette Bertrand baigne dans une fontaine de jouvence. Depuis dix-sept ans, elle enseigne l'écriture dramatique à des étudiants de l'Inis, l'Institut national de l'image et du son de

---

25. Janette Bertrand, *Ma vie en trois actes*, Les Éditions Libre Expression, collection « 10/10 », Montréal, 2011, 427 pages.
26. Marie-Christine Blais, « La vie, mode d'emploi… pour les 70 ans et plus », *La Presse*, mercredi 24 octobre 2012, Montréal, cahier Arts, p. 7.

Montréal. Deux fois par année, durant des sessions intensives d'une durée de sept semaines, elle leur apprend tout ce qu'elle sait, à raison de six heures par jour. Ils sont tour à tour cinq, parfois six, âgés entre 20 et 50 ans, à boire ses paroles, tandis qu'elle mémorise leurs textes, leurs personnages, tout en partageant avec eux son savoir.

— Ils n'ont pas l'air de me trouver trop vieille pour mon âge ! Mais pour leur en montrer, il ne faut pas que je sois trop mémère. Je dois être vite sur mes patins, apprendre beaucoup de choses, aller au théâtre, au cinéma.

L'enseignement a d'autres vertus. Quand elle est en classe, elle oublie de penser à son mal de dos incurable. Depuis qu'elle a passé le cap des 75 ans, elle ressent davantage la dégradation de quatre vertèbres lombaires qui font pression sur son nerf sciatique et lui rappellent intensément l'usure du temps. Ne pas pouvoir marcher à une cadence aussi rapide que celle de son esprit a été difficile à vivre au début. Elle a dû se résoudre à s'appuyer sur une canne pour assurer ses pas quand elle quitte son foyer, et elle se risque désormais moins souvent à déambuler sur les trottoirs accidentés. Les journées où elle a moins de raideurs, elle s'offre quelques heures de magasinage. Elle rentre ensuite à la maison aussi lentement, heureuse d'avoir pris le temps de se faire du bien, de penser à elle.

— Je profite de tout, car je sais que je vais mourir un jour. Cela embellit ma vie !

Cette pensée l'habite davantage depuis 2006. Cette année-là, elle a appris qu'elle avait un cancer du sein. Sa première réaction a été une forme de déni. Elle ne voulait pas ou ne pouvait tout simplement pas entendre le diagnostic du médecin.

— En sortant de la clinique, j'ai demandé à Donald, mon amoureux, qui m'accompagnait, de répéter ce que le docteur venait de m'annoncer. Je me suis dit : « Ça y est, c'est de ça que je vais mourir ! »

Au même moment, elle apprenait que sa fille Dominique avait, elle aussi, un cancer du sein.

— Les probabilités qu'on ait cette maladie en même temps étaient pratiquement nulles, d'autant plus que l'hérédité n'est pas en cause.

Janette Bertrand a vécu la maladie dans la tristesse plutôt que dans la colère, puis elle s'est ressaisie.

— Je me suis dit : « Non ! De plus en plus de femmes s'en sortent, surtout quand le cancer est localisé et dépisté rapidement comme le mien. Je vais guérir en faisant entièrement confiance à mon médecin et en suivant des traitements de radiothérapie. » J'ai eu raison de penser ainsi, car c'est maintenant chose du passé.

Elle est consciente que sa santé est plus fragile qu'avant, mais cela ne l'arrête pas. Il lui arrive cependant certains soirs, après des journées bien remplies, de se sentir lasse.

— Ça me fait du bien de dire à mon chum que je suis fatiguée. Il est le seul à qui je me plains. Il trouve toujours les mots pour me remettre sur le piton. Je suis chanceuse de vivre avec lui !

Sa pire crainte est de subir un jour une grande perte d'autonomie, de devenir un fardeau pour les siens et de se retrouver en centre d'hébergement.

— On ne devrait jamais priver les personnes âgées de leur maison, de leur routine, quand c'est possible. Ce qui se passe trop souvent dans notre société de consommation est épouvantable. Des enfants se débarrassent de leurs parents, qu'ils considèrent comme trop encombrants, comme des objets dont ils n'ont plus besoin. Ces fils, ces filles oublient qu'ils seront un jour traités par leurs enfants de la même façon qu'ils traitent aujourd'hui leurs parents.

Janette Bertrand connaît bien le sujet. Déjà, dans les années 1990, dans sa série *L'Amour avec un grand A*[27], elle

---

27. Série dramatique de 52 épisodes écrite par Janette Bertrand et présentée à Radio-Québec entre 1986 et 1996.

n'hésitait pas à dénoncer le manque de respect à l'égard des vieux. Elle l'a aussi écrit dans son autobiographie, pour qu'on n'oublie jamais.

> *Les personnes âgées se meurent d'ennui, en général. Les vieux n'ont rien d'autre à faire que de regarder la télévision, se bercer. Ils ne servent plus à rien. On ne leur parle pas vraiment, leurs opinions ne comptent pas, encore moins leur avis. Après leur avoir demandé « Comment ça va ? », on passe à autre chose. On ne leur demande jamais ce qu'ils pensent, ce qu'ils ressentent. On ne leur fait pas raconter l'histoire de leur vie. On les ignore ; pire, on ne veut rien savoir d'eux. Ils sont comme les vieux meubles qu'on remise dans la cave parce qu'on n'a pas le courage de les mettre aux vidanges. Ils ne servent à rien. Se sentir inutile, ne plus servir à rien, c'est déjà être mort[28].*

— Il ne faut pas envoyer les vieux dans des ghettos. Leur place est au milieu de jeunes couples et d'enfants. Cela existe au Danemark !

Dans ce pays nordique, les personnes âgées décident librement de vivre dans des ensembles d'habitations établis par les municipalités où ils partagent des tâches, des services et des activités avec des gens plus jeunes. La loi prévoit aussi que les municipalités doivent leur fournir les services de soins et d'aide ménagère ainsi qu'une assistance pour le maintien de leurs capacités physiques et intellectuelles. Une grande partie du financement provient des impôts locaux, basés sur les revenus. Depuis 1987, le Danemark a cessé de construire des centres d'hébergement. Au début des années 1980, seulement 16 % des personnes de plus de 75 ans vivaient dans ces établissements, contre moins de 6 % aujourd'hui[29].

---

28. Janette Bertrand, *op. cit.*, p. 422.
29. www.habiter-autrement.org/28_Homes/home_ca.htm.

— Heureusement, mon père a fini sa vie dans sa demeure, dans son grand lit, entouré des siens. C'était un homme très affectueux. Le jour de sa mort, nous l'avons dorloté, embrassé à tour de rôle. Tout à coup, il a cessé de respirer. Nous sommes restés de longues minutes dans sa chambre et nous avons continué à parler de lui. On le sentait très proche de nous. Je voudrais une mort comme la sienne, le plus tard possible.

Elle croit qu'il n'y a plus rien après la mort, sinon les souvenirs qu'on laisse aux autres. On continue à vivre, mais uniquement dans leurs pensées.

— Mon père est encore si vivant que, toutes les fois que les membres de la famille se réunissent, les trois enfants, les huit petits-enfants, les deux arrière-petites-filles, les conjoints et conjointes, il y a toujours quelqu'un pour prononcer un mot comme il le faisait. Il ne disait pas « cuillère », mais « queyer ». On se met tous à rire et à penser de nouveau à lui. Papa est alors à table, avec nous.

Janette Bertrand veut que ses proches se souviennent d'elle aussi simplement, au détour d'un mot, d'un texte, d'une remarque. Cela la fera revivre dans leur cœur. Le reste, sa contribution à l'émancipation des femmes, l'aide aux démunis, la compréhension des êtres rejetés, la lutte contre les injustices, tout cela n'aura plus aucune importance, car elle ne sera plus là.

— Mais ce n'est pas pour tout de suite. J'ai encore énormément de projets à réaliser. Je ne veux pas mourir avant plusieurs années. Je suis trop occupée ! Je me réjouirai peut-être même de devenir centenaire, à condition d'être en bonne santé !

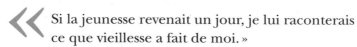

> « Si la jeunesse revenait un jour, je lui raconterais ce que vieillesse a fait de moi. »

ABLA FARHOUD, *Le bonheur a la queue glissante*

Il y a près d'un siècle, une voyante lui a prédit qu'elle vivrait jusqu'à 112 ans. Elle croit à ce présage dur comme fer, même s'il lui reste encore quatre ans avant de le réaliser, et se berce continuellement pour écouler le temps. À chaque mouvement de va-et-vient, son vieux fauteuil semble imiter le tic-tac d'une horloge ancestrale marquant lentement, très lentement les secondes, les minutes, les jours, interminables.

La centenaire s'est de nouveau réveillée après une bonne nuit de dix heures, convaincue encore une fois d'avoir été oubliée sur terre par le bon Dieu. Très religieuse et pratiquante, elle récite des prières en égrenant son chapelet entre ses mains ridées et bénit le ciel pour cette journée supplémentaire reçue comme un bonus de pérennité. À plus de 108 ans, elle s'émerveille comme une fillette en apercevant par la fenêtre les gros flocons de neige duveteux qui tombent doucement dans le ciel. Cela lui rappelle les joies de son enfance, il y a longtemps, très longtemps, quand elle jouait dans les congères avec ses amies, hélas toutes disparues aujourd'hui.

Lorsque j'entre dans sa chambre du Centre d'hébergement Marguerite-Adam, à Belœil, la vieille dame, courbée sous le poids de l'âge, se retourne vers moi sans surprise et me fait signe d'approcher. Son «jeune» fils de 73 ans l'a prévenue de ma visite. Elle est heureuse de me recevoir. Je le sens à sa façon de me sourire et de me serrer la main avec affection, comme le font habituellement les grands-mères contentes de ne plus être seules.

Depuis son 108e anniversaire, elle se réjouit de recevoir plus d'attention. Des maires et des députés en campagne électorale se font photographier à ses côtés pour les journaux. Elle s'y habitue. Quand elle a eu 100 ans, le pape, Sa Majesté la Reine, le Gouverneur général du Canada et des premiers ministres lui ont fait parvenir des vœux joliment encadrés, qui tapissent maintenant les murs de sa petite chambre. Elle rit d'être devenue pour plusieurs dirigeants et concitoyens une personne importante, hors du commun. Tout le monde veut connaître sa recette de longévité.

— J'espère que je ne vous dérange pas.

— Vous ne me dérangez pas, répond-elle après une brève hésitation, car elle a de la difficulté à entendre malgré son appareil auditif. Je ne fais rien. Je passe mes journées à jongler!

Cela lui donne amplement le temps d'analyser son environnement. Bien qu'elle ait des troubles de la vision, Malvina Lebel Desnoyers n'en critique pas moins la tenue d'une jeune proposée aux bénéficiaires, un peu trop décolletée à son goût.

— C'est effrayant! Ce n'était pas comme ça dans mon temps! Bientôt, elles vont sortir toutes nues dans la rue!

Sans être désagréable, elle adore dire tout haut ce qu'elle pense tout bas, probablement une façon de s'affirmer dans ce dernier lieu de repos qui lui a été imposé. Pour sa sécurité, son fils a décidé de la placer dans un centre d'hébergement où il vient la voir chaque jour. À 105 ans, alors qu'elle vivait toujours seule dans un appartement modeste, elle est tombée de son lit et s'est fracturé un poignet. Ce n'était pas le premier accident du genre. Il lui est également arrivé de rester plusieurs heures sur le sol parce qu'elle était trop faible pour se relever. Cela l'a marquée. Elle évite désormais de se déplacer seule dans les corridors du CHSLD, car elle craint de chuter avec son déambulateur. Si ses capacités physiques diminuent au fil des années, elle n'a cependant aucun problème de mémoire. Les dates, les noms, les lieux et ses nombreux souvenirs de jeunesse lui reviennent facilement à l'esprit.

— À quoi pensez-vous le plus souvent?

— Au temps passé, quand j'étais petite. Il y a beaucoup de choses que j'aimerais faire, mais je suis beaucoup trop vieille!

— Qu'est-ce que vous souhaiteriez?

— Sortir d'ici, car c'est un endroit où tous les résidants vont bientôt mourir. J'aimerais fuir et retourner à la campagne, là où je suis née en 1904.

Elle a compris que ce n'est plus possible. Le chemin serait trop long et épuisant. La seule façon de retourner là où elle a vu le jour il y a plus d'un siècle, à Saint-Donat-de-Rimouski, un village enchanteur du Bas-Saint-Laurent, c'est de fermer les yeux et de s'imaginer qu'elle y est réellement. Ses pensées s'imprègnent alors de l'odeur des champs au temps des foins. Elle croit aussi entendre le bruit que font les feuillus des Appalaches en dansant dans le vent pour annoncer la pluie.

Je me laisse prendre à son jeu. Je monte à bord de sa machine à voyager dans le temps. Je la vois toute petite, les cheveux bouclés, habillée pauvrement et vivant sur la ferme très modeste de son père qui peut à peine subvenir aux besoins de son épouse et de ses dix enfants. Avec sa marmaille et son amour, il fuit la misère rurale du début du XXe siècle et s'installe à Montréal, où il travaillera, entre autres, dans la construction. Malvina a alors 7 ans.

La doyenne du Centre d'hébergement de Belœil prend une petite gorgée d'eau pour rafraîchir sa bouche sèche et poursuit son récit. Elle me parle de ses études chez les religieuses jusqu'en quatrième année, de son premier travail de bonne à tout faire à l'âge de 16 ans dans une riche famille, puis de ses nombreuses heures d'ouvrage à petits salaires dans les manufactures de textile du nord de la métropole pour faire vivre un mari longtemps malade.

— Le travail n'a jamais fait mourir personne, dit-elle en riant. C'est ce qui m'a gardée en vie. Je n'ai jamais fumé, jamais bu. Je déteste la boisson! J'essaie de manger un steak saignant tous les jours et une banane avant de me coucher!

Ça l'amuse de me parler de son alimentation, car elle sait très bien que les médecins mettent en garde leurs patients contre la consommation abusive de viande rouge. Quant aux bananes, mieux vaut les ingurgiter au petit déjeuner pour bien les digérer!

La rigolade fait subitement place à un brin de tristesse.

— À quoi pensez-vous maintenant?

— À ma fille, morte très jeune.

Elle prend son vieux portefeuille de cuir posé sur son bureau et en retire du bout des doigts une carte funéraire en noir et blanc dont elle ne s'est jamais séparée. C'est celle de Lise, décédée le 14 novembre 1941, à l'âge de 6 ans et 2 mois. La fillette, toute menue, entamait sa première année d'école. Elle déambulait avec d'autres enfants rue Jean-Talon, à Montréal, joyeuse d'aller en classe, lorsqu'un camion convoyant du bois a fait une embardée sur la voie réservée aux piétons, l'a heurtée et traînée sur plusieurs mètres. Transportée à l'Hôpital Sainte-Justine, elle est morte trois semaines plus tard. Pour Malvina Lebel Desnoyers, cela a été le drame de sa vie.

— Mon autre enfant, André, avait quatre ans et demi et ne voulait pas quitter sa grande sœur. Il grimpait sur son cercueil exposé à la maison et se couchait près d'elle jusqu'à ce qu'on les sépare pour l'enterrement. Cela m'attriste encore.

Je suis très ému par sa peine insurmontable. Un siècle d'existence ne peut pas faire oublier la disparition d'un enfant.

— À la fin de ma vie, ma récompense sera d'aller rejoindre ma fille au ciel. Il m'arrive souvent de lui demander: «Comment c'est là-haut?» Je prie pour qu'elle prenne soin de moi jusqu'à la fin de mes jours, car j'ai peur de souffrir. Je veux quitter ce monde paisiblement à 112 ans, en dormant dans mon lit!

Elles sont de plus en plus nombreuses à vivre très, très longtemps. La doyenne du Canada, l'Albertaine Cora Hansen, est morte en 2012 à l'âge de 113 ans. « Son corps était simplement fatigué », a dit sa fille de 75 ans[30]. Il est stupéfiant de constater que sa vie a chevauché trois siècles, tout comme ce fut le cas pour la doyenne de l'humanité, l'Américaine Besse Cooper, décédée en décembre 2012 à Atlanta après avoir soufflé les 116 chandelles de son gâteau d'anniversaire. Le secret de sa longévité était fort simple : elle se mêlait de ses affaires et ne mangeait jamais de malbouffe[31].

Il y a quelques années encore, on s'étonnait de rencontrer des personnes aussi âgées. Désormais, les probabilités que vous fassiez la connaissance d'un ou de plusieurs centenaires augmentent d'année en année. En 2006, le Québec en comptait 1 000, alors qu'en 2012 ils étaient 2 250. En 2056, il devrait y avoir au moins 19 000 personnes âgées de plus de 100 ans dans la province[32].

Le pays tout entier ressent les conséquences de l'augmentation de l'espérance de vie, qui touche toutes les sociétés les mieux nanties.

En 2012, il y avait plus de 9 000 personnes de 100 ans et plus au Canada[33]. Selon les projections démographiques, ce nombre aura presque doublé en 2031 et atteindra un sommet de 80 000 centenaires en 2061[34].

---

30. Michael Wood, « Cora Hansen : La doyenne du Canada s'éteint à 113 ans », *Le Journal de Montréal*, jeudi 19 avril 2012, p. 26.

31. « La doyenne de l'humanité décède à 116 ans », *Le Journal de Montréal*, jeudi 6 décembre 2012, p. 30.

32. *Perspectives démographiques du Québec et des régions, 2006-2056*, Institut de la statistique du Québec, www.stat.gouv.qc.ca/publications/demograp/pdf2009/perspectives2006_2056.pdf.

33. *Population par groupe d'âge, Canada et régions*, 1er juillet 2012, Institut de la statistique du Québec, www.stat.gouv.qc.ca/donstat/societe/demographie/struc_poplt/104.htm.

34. *Les Centenaires au Canada, recensement en bref de 2011*, www12.statcan.gc.ca/census-recensement/2011/as-sa/98-311-x/98-311-x2011003_1-fra.pdf.

Personne ne sait exactement pourquoi ces êtres humains réussissent à déjouer certaines pathologies du vieillissement. L'environnement jouerait un rôle primordial, mais leur résistance exceptionnelle s'expliquerait plus encore par la génétique[35]. Selon des spécialistes en gériatrie de la faculté de médecine de l'Université de Boston, la personnalité a aussi une influence considérable sur l'espérance de vie[36]. Les centenaires seraient plus extravertis et moins névrosés.

Des chercheurs de l'Université Temple de Philadelphie dressent un portrait de la situation plus préoccupant. Un quart des 244 centenaires interrogés lors d'une étude souffraient de troubles dépressifs, alors qu'on avait diagnostiqué un trouble anxieux chez seulement 8 % d'entre eux[37]. Vivre aussi longtemps peut représenter une grande fierté pour les familles des centenaires, mais l'épreuve est souvent difficile à traverser pour ces femmes et ces hommes, obligés de faire le deuil d'une grande partie de leurs capacités physiques et psychologiques. Ils se sentent souvent seuls et oubliés.

En août 2011, au Centre d'hébergement Hôtel-Dieu de Saint-Hyacinthe, j'ai assisté à une journée d'anniversaire visant à honorer les douze personnes âgées de 100 à 107 ans que comptait l'établissement. De nombreux parents étaient réunis dans la chapelle pour entendre le curé vanter les joies d'une si longue existence. Dans la première rangée, une des jubilaires, assise dans son fauteuil roulant, fermait les yeux, comme si elle se recueillait dans la piété, alors qu'elle s'endormait de fatigue. Il était midi et les préposées la faisaient habituellement manger plus tôt pour lui permettre de faire sa sieste quotidienne. Pour marquer ce jour exceptionnel, elle

---

35. Aude Rambaud, « Les centenaires livrent peu à peu leurs secrets », *Le Figaro*, Paris, jeudi 26 janvier 2012, p. 11.

36. Anne Jouan, « Quelles sont les recettes pour devenir centenaire ? », *Le Figaro*, Paris, mercredi 8 avril 2009, p. 13.

37. *Idem.*

devait suivre la parade et participer avec tous les autres à un léger goûter servi dans une salle adjacente.

La directrice du centre a prononcé un bref discours de circonstance, puis la fête s'est terminée hâtivement. Les centenaires, dix femmes et un homme, ont été reconduits dans leur chambre. Je me suis faufilé derrière eux dans l'ascenseur pour me rendre aux étages, où les confidences, loin du bruit et de l'animation, seraient plus faciles à obtenir.

J'ai poussé lentement la lourde porte de bois d'une chambre faiblement éclairée. Une dame portant une robe fleurie était couchée sur le dos dans son lit. Je l'ai immédiatement reconnue. C'était elle qui fermait les yeux durant la messe. Elle ne dormait pas. Ses lèvres remuaient légèrement. Elle semblait méditer, les mains jointes sur son ventre. Elle a senti ma présence et m'a regardé à travers ses fines lunettes.

— Comment vous appelez-vous, monsieur ? m'a-t-elle demandé avec un accent pointu d'ancienne institutrice.

— Harold !

— Quel beau nom ! C'est anglais, Harold, n'est-ce pas ?

— Mon père avait des amis anglophones. Harold était un nom peu commun, alors mes parents me l'ont donné. Et vous, quel est votre nom ?

— Ginette Allard. J'ai toujours voulu vivre âgée, a-t-elle ajouté, en devinant ma question suivante. Mais ce n'est pas facile. Je ne peux plus lire ; je n'ai plus les yeux ! Je passe mes journées dans ma chambre.

— Que faites-vous durant tout ce temps ?

— Je me détends et je prie. Je rêve souvent aux anges. Ils viennent vers moi et m'emportent au ciel.

— Je vais vous laisser vous reposer, madame Allard.

Je n'ai pas eu le temps de finir ma phrase. Elle s'est mise à chanter un cantique pour ses chérubins.

Trois anges sont venus ce soir
M'apporter de bien belles choses

111

L'un d'eux avait un encensoir
L'autre avait un chapeau de roses
Et le troisième avait en mains
Une robe toute fleurie

Pendant que son chant résonnait encore à mes oreilles, j'ai trouvé, quelques chambres plus loin, une autre centenaire, née en 1911 en Gaspésie. Julie Rioux était assise très près de son téléviseur. Sa vision avait considérablement diminué durant les dernières années. Elle devait se contenter de regarder les halos de lumière sur son écran et d'entendre les voix des comédiens pour combler l'immense vide de ses journées. Afin qu'elle se sente près des siens, les murs de sa chambre étaient recouverts de photos de ses trois enfants, sept petits-enfants et huit arrière-petits-enfants. Les contours de leurs visages s'estompaient eux aussi, de mois en mois, à cause de ses faibles yeux, mais la sensation de leurs regards bienveillants la rassurait.

— J'aimerais les voir plus souvent ! Je les aime tellement ! Le plus difficile à mon âge, c'est l'ennui !

Mélancolie profonde, problèmes de mobilité, diminution considérable de la vision et troubles de l'audition, tel est le lot de la plupart des centenaires. Malgré ces nombreuses difficultés, chacun essaie de trouver son petit morceau de bonheur, dont il jouit le plus longtemps possible avec parcimonie. À 104 ans, une autre dame, Angéline Dufault, la grand-mère de ma blonde, en était sans doute le meilleur exemple.

Elle adorait le chocolat au lait. Elle en avait toujours un morceau sur un meuble de sa chambre et en prenait un minuscule fragment de temps en temps pour profiter suavement du rare plaisir qu'il lui restait. La centenaire le laissait ensuite fondre de longues minutes sur sa langue, appréciant sa texture crémeuse ou granuleuse, avant de l'avaler en poussant un soupir de satisfaction. Il n'y avait pas de saveur plus divine que celle du chocolat pour lui donner un peu d'énergie et le goût de continuer à vivre.

Elle demeurait dans un centre d'hébergement de Varennes et y était venue après mûre réflexion à l'aube de ses 80 ans, croyant que son existence tirait à sa fin. Elle y a finalement vécu presque un quart de siècle supplémentaire, mourant d'envie, au cours de ses derniers mois, de quitter ce monde, trop fatiguée d'être confinée à son fauteuil ou à son lit, et épuisée de songer à tout ce qui avait été et n'était plus. Depuis que sa dégénérescence maculaire l'empêchait complètement de lire et de faire différents travaux de crochet, elle se sentait inutile.

— J'ai assez vécu ! Je suis prête à m'en aller !

— Vous n'avez pas peur de mourir ?

— Absolument pas. La mort a toujours fait partie de ma vie ! Mon père était directeur de pompes funèbres. Quand j'étais petite, je jouais à la cachette dans les cercueils !

Je ne me souviens pas d'avoir déjà rencontré une centenaire – elles sont au moins cinq femmes pour un homme[38] – qui avait peur de mourir. La plupart s'y préparent fébrilement. Elles prient sans cesse, vont toujours à la messe ou la regardent à la télévision, et récitent leur chapelet selon les préceptes religieux appris dans leur jeunesse afin d'expier leurs péchés. Et pourtant, elles n'ont presque rien à se reprocher. La plupart ont vécu dans la pauvreté et ont beaucoup souffert. Leur force morale et physique les a fait traverser les siècles.

Aurore Paquet Côté, la dernière centenaire que j'ai rencontrée dans la petite résidence privée où elle demeure depuis quelques années, à l'ombre du clocher de la plus imposante église de Matane, est née en 1907 dans un misérable rang de campagne de la Gaspésie. Elle a d'abord

---

38. *Les Centenaires au Canada, Recensement en bref,* Statistique Canada, 2011, www12.statcan.gc.ca/census-recensement/2011/as-sa/98-311-x/98-311-x2011003_1-fra.pdf.

miraculeusement survécu à la grippe espagnole, qui a fait 14 000 morts au Québec entre 1918 et 1919. Elle se souvient des décès de plusieurs de ses jeunes voisins, morts sans qu'on ait rien pu faire pour les sauver.

Elle a grandi, est devenue femme et s'est mariée sur le tard, le 1ᵉʳ juillet 1937, la date limite pour recevoir du gouvernement la somme de 50 dollars (un gros montant à cette époque de grande pauvreté) attribuée aux couples prêts à s'installer sur une terre en friche de l'arrière-pays gaspésien. C'était là une façon de développer les régions rurales du Québec. En raison du nombre important d'amoureux attirés par cette offre alléchante, et faisant la file à la dernière minute, ils ont dû convoler en justes noces à 5 heures le matin.

— Vous étiez décidés !

Ma remarque l'amuse. Elle rit de bon cœur.

— J'ai toujours essayé de rire le plus souvent possible pour conserver un bon moral !

Sa façon positive d'affronter les épreuves l'a préservée de la maladie et du découragement. Quand elle a pris mari, elle a vécu durant quelques années dans un camp sans eau ni électricité. L'hiver, il faisait souvent très froid dans ces montagnes isolées du reste du monde. La nuit pouvait devenir mortelle. Les époux ne se chauffaient pas au bois durant leurs heures de sommeil par crainte d'un incendie. Une de leurs filles est morte gelée dans son berceau, quelques jours après sa venue au monde, dans une grande noirceur de janvier 1941. Dans ce temps-là, seuls les plus forts survivaient.

La vie d'Aurore Paquet Côté est un véritable roman du temps de la colonie. Sa belle-fille a immortalisé son histoire dans un livre qu'elle a elle-même édité, afin que sa famille et ses amis n'oublient jamais ses sacrifices et sa détermination[39]. Car bientôt, tous ces centenaires ne seront plus des nôtres

---

39. Jocelyne St-Gelais, *Les Mémoires de grand-maman Côté*, à compte d'auteur, Matane, 2003, 138 pages.

pour nous raconter de vive voix ce qui peut nous sembler aujourd'hui incroyable. Ils partent les uns après les autres, tout doucement.

Malvina Lebel Desnoyers n'a pas exaucé son souhait de vivre jusqu'à 112 ans. Quelques semaines après notre rencontre, son fils André m'a téléphoné pour me dire que l'état de santé de sa mère s'était rapidement détérioré. Elle a rendu l'âme comme elle le souhaitait, durant son sommeil.

— Elle est allée rejoindre sa fille au ciel !

Ginette Allard ne doit pas être bien loin d'elle, car ses anges sont venus la chercher. Julie Rioux l'a suivie quelques mois plus tard. Angéline Dufault est morte, elle aussi, peu de temps après notre dernière conversation, en janvier 2011, emportée par une pneumonie. Elle a quitté le monde entourée des siens. C'était son dernier souhait. Quelques heures avant la fin, alors qu'elle était plongée dans le coma, j'ai posé une main sur son front, une façon pour moi de lui dire adieu. Heureusement, elle ne souffrait pas et dormait profondément, soulagée par de puissants médicaments dans une toute nouvelle maison de soins palliatifs, la Maison Source Bleue à Boucherville. Elle avait exigé que les médecins la laissent partir, sans acharnement thérapeutique, si une grave maladie se manifestait à son âge vénérable. Elle avait choisi de ne pas étirer inutilement ce temps qu'elle n'avait plus le goût ni la force d'affronter, après avoir vécu plus de cent quatre ans.

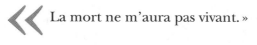 La mort ne m'aura pas vivant. »

Jean Cocteau

— Je veux exister totalement avec tous mes droits jusqu'à mon dernier souffle ! Pas question qu'on m'enlève une seule journée en se disant : « Elle est presque morte ! »

Lise Payette a la ferme conviction qu'elle ira jusqu'au bout de sa vie. Durant sa carrière de journaliste, animatrice, politicienne et écrivaine, elle a toujours été une femme de principes. Et il en sera de même jusqu'à la fin.

En 2011, à la veille de son 80e anniversaire, elle faisait le décompte de sa vie dans la chronique qu'elle publie dans le quotidien *Le Devoir*. Elle calculait avoir déjà vécu 701 280 heures et écrivait être déterminée à savourer au maximum tout le temps que la vie lui donnerait encore.

> *Et quand la mort se présentera, lui faire un doigt d'humeur bien senti, histoire qu'elle sache bien qu'elle ne ramassera que les miettes qu'on aura bien voulu lui laisser. Libres jusqu'au bout et debout[40].*

En lisant son texte, j'ai pris davantage conscience de mon propre vieillissement. Que le temps passe vite ! Au début des années 1970, j'avais seulement 14 ans quand j'écoutais sa

---

40. Lise Payette, « Pas déjà 80 ! Mon doigt d'humeur », *Le Devoir*, vendredi 26 août 2011, p. A9.

populaire émission *Appelez-moi Lise* à la télévision de Radio-Canada. J'adorais sa manière singulière de dialoguer avec ses invités, de les mettre en valeur sans prendre toute la place et de jouer parfois la comédie avec son complice Jacques Fauteux.

C'est en me remémorant cette partie de mon adolescence que je me rends chez elle dans le but avoué de lui parler du vieillissement et de la mort. Elle m'attend, assise à une petite table, dans son grand appartement pas si éloigné de Saint-Henri, le quartier pauvre où elle est née. Elle s'excuse de ne pas se lever pour m'accueillir. Depuis qu'elle a fait une vilaine chute en se rendant à une émission de télévision, il y a quelques années, son genou gauche la fait souffrir.

Ensanglantée et transportée en ambulance aux urgences de l'Hôpital Saint-Luc, à Montréal, elle avait alors été confrontée à l'un des nombreux préjugés véhiculés dans notre système de santé. Une infirmière déplaisante s'était approchée de sa civière et, sans la reconnaître, avait lancé à haute voix aux ambulanciers :

— Encore une femme soûle que vous avez ramassée sur un trottoir !

— Non, s'était empressé de répondre l'un d'eux, sur un ton beaucoup plus respectueux. C'est Mme Lise Payette !

Plus personne n'avait osé faire d'autres commentaires désagréables durant ses sept jours d'hospitalisation.

Depuis, elle s'est souvent demandé comment elle aurait été soignée si, effectivement, elle avait été une vagabonde alcoolique. Dans son esprit, il est indéniable que tous ne sont pas traités équitablement par le système.

— Je viens d'un milieu pauvre et j'ai réussi à m'en sortir. Cela ne m'empêche pas de penser et d'agir chaque jour pour aider les moins riches. Je suis privilégiée et en assez bonne santé. Je fais ce qui me passionne le plus, lire et écrire beaucoup. Il m'arrive d'avoir une pensée au milieu de la nuit et de me lever pour la noter dans mon ordinateur.

Lise Payette a toujours carburé aux nouvelles idées et aux défis. Après son passage en politique – elle a été ministre du Parti québécois entre 1976 et 1981 –, elle a écrit de nombreux téléromans à succès durant vingt ans : *La Bonne Aventure, Des dames de cœur, Un signe de feu, Les Machos,* et un feuilleton quotidien : *Marilyn.*

— Je suis curieuse. C'est ce qui me garde en vie et allumée. J'ai peur de manquer de temps pour continuer à apprendre ! Ma tristesse, ce ne sera pas de savoir ma mort imminente et de quitter mes amis. Ce sera de ne plus pouvoir m'instruire ! On va développer plein de nouvelles inventions, mais je ne serai plus là pour les voir se réaliser.

Ce n'est pas la première personne très active de plus de 80 ans qui me parle ainsi. Lise Payette tire un enseignement de tout, même de la mort. Quand son père est décédé de sclérose en plaques, à l'âge de 54 ans, elle n'a pas eu les moyens de revenir de France où elle travaillait alors pour Radio-Canada.

— Il ne servirait à rien de regretter. Je n'y pouvais rien. Ma grand-mère disait : « Les morts meurent vraiment uniquement lorsque nous cessons de penser à eux. » Mon père existe encore, mais d'une autre façon.

Elle songe souvent à lui, surtout quand elle redécouvre, dans une boîte à souvenirs, la dernière correspondance qu'elle a utilisée pour monter à bord de son autobus[41]. Elle se revoit durant sa jeunesse, assise de longs dimanches sur un banc rigide, pour le plaisir de rouler à ses côtés dans les rues de Montréal afin de mieux comprendre son métier de chauffeur et ne pas trop s'ennuyer lors de ses absences.

De la même façon, elle sent la présence de sa mère quand elle ouvre le petit coffret de métal vert qui lui a appartenu. Il contient des médailles, des cartes postales, un collier de

41. Denyse Monte, *On l'appelle toujours Lise*, Les Éditions La Presse, Montréal, 1975, p.165.

fausses perles. Elle aussi est morte trop jeune, à 63 ans, d'un cancer des os.

— Dans ce temps-là, on n'allait pas souvent à l'hôpital. Ma mère avait toujours mal à une hanche et tout le monde lui disait : « C'est normal pour une femme de ton âge ! » Un jour, elle est tombée sur un trottoir et un ami médecin m'a conseillé de lui faire passer des examens plus approfondis. Quand le verdict est tombé, il lui restait trois mois à vivre.

Lise Payette a accompagné sa mère jusqu'à la fin. De sa chambre de l'Hôpital Notre-Dame, elle a même assisté aux émeutes marquantes de la Saint-Jean-Baptiste de 1968 dans le parc Lafontaine et la rue Sherbrooke, ce qui a renforcé ses sentiments nationalistes.

— Durant ses derniers jours, ma mère se réveillait de temps en temps et semblait avoir des apparitions. Elle parlait de sa jeunesse et discutait avec des gens invisibles, particulièrement avec une cousine disparue. J'étais convaincue qu'elle délirait et je lui ai conseillé d'arrêter de parler. Elle m'a regardée, l'air hébété, et m'a demandé de fermer la fenêtre car tous ses visiteurs décédés entraient par là !

Intriguée, Lise Payette s'est exécutée et les apparitions ont cessé. Dans les semaines qui ont suivi le décès de sa mère, elle a évoqué cette étrange expérience lors d'un entretien avec la dramaturge et romancière québécoise Françoise Loranger.

— Elle ne semblait pas étonnée et me disait que notre corps produit de l'électricité. Avant notre mort, nous dégageons beaucoup de courant. Les morts, dont l'énergie circule probablement toujours autour de nous, sont attirés par ces faisceaux.

— Y croyez-vous ?

— On ne le saura jamais. Une chose est sûre, il n'y a pas de vie après la mort. Je ne suis pas croyante. Je ne l'ai jamais été ! Nous sommes de passage. Il faut profiter pleinement de notre existence ! C'est ce que j'ai fait, entourée de mes trois enfants et de mes deux petits-enfants, mes amours.

L'amour non plus n'est pas éternel. Elle l'a vécu douloureusement lorsque Laurent Bourguignon, son compagnon durant trente-deux ans, a été emporté par un cancer du pancréas. Il avait alors 69 ans, se tenait en forme, faisait beaucoup d'exercices et se nourrissait bien. Cela n'a malheureusement pas empêché le mal de se manifester sournoisement durant la période des fêtes, en 2001. Il n'avait plus d'appétit et ne se sentait pas bien.

— Le lendemain de Noël, nous sommes allés dans une clinique médicale. Le médecin a demandé à Laurent de s'allonger pour l'ausculter, puis il nous a fortement suggéré de nous rendre immédiatement dans un centre hospitalier, où des radiographies ont confirmé un cancer.

Longtemps avant d'apprendre cette terrible nouvelle, ils avaient plusieurs fois discuté de leurs dernières volontés. Au cas où la maladie le frapperait, Laurent ne souhaitait pas qu'on prolonge inutilement son existence en recourant à l'acharnement thérapeutique. Il voulait finir ses jours dans leur demeure, et Lise Payette a tout fait pour exaucer son souhait, en sachant très bien dans quoi elle s'embarquait. Ce serait épuisant par moments.

Pendant trois mois, elle a tenu sa promesse et a pris soin de lui jour et nuit, se privant de sommeil et de repos pour alléger sa souffrance. À bout de souffle, elle s'est enfin résignée à embaucher un infirmier pour prendre la relève la nuit, durant la dernière semaine.

— Un matin, Laurent s'est levé très affaibli et est venu me retrouver dans le salon. Ce n'était plus l'homme fier qu'il avait toujours été, il ne pouvait plus se doucher et se raser sans aide. Il m'a dit: « Tu me connais bien. Tu sais que je ne veux pas aller plus loin. » Je lui ai simplement répondu que je comprenais.

Il a reçu des médicaments pour le soulager davantage et s'est senti apaisé. Trente-six heures plus tard, vers 23 heures, un soir de mars, il rendait l'âme dans les bras de sa femme, au moment même où un infirmier s'apprêtait à prendre la relève pour le veiller.

— Je lui ai fermé les yeux. J'ai posé ma tête près de la sienne, sur son oreiller, et j'ai continué à lui parler doucement pendant une dizaine de minutes. Je lui disais: «Je ne sais pas si tu m'entends, mais je voudrais te dire…»

L'infirmier, resté à ses côtés, lui a alors dit: «Vous faites bien de lui parler. Je suis convaincu qu'il vous entend.»

Lise Payette est triste et s'étonne de me parler de ces instants qui faisaient jusqu'à ce jour partie de sa vie privée.

— Ce qui était extrêmement intime le devient peut-être moins en vieillissant!

Réservée, elle n'a jamais souhaité raconter ces moments d'une grande tristesse à la télévision ou dans les magazines: se donner en spectacle n'est pas dans sa nature. Elle a cependant décidé de le faire dans ce livre, pour partager l'expérience difficile qu'elle a vécue avec tous ceux qui sont profondément touchés par un deuil.

— La mort de Laurent m'a déstabilisée. Mon médecin m'avait prescrit des médicaments pour m'en sortir et je me suis jetée à corps perdu dans le travail pour tenter d'oublier. J'allais au bureau de ma maison de production Point de Mire tous les matins et je rentrais le plus tard possible en soirée chez moi.

Elle arrivait à la maison, son porte-clés dans les mains, prête à déverrouiller la porte, mais quelque chose l'empêchait de le faire. Elle s'assoyait par terre dans le corridor et pleurait toutes les larmes de son corps avant d'entrer. Parfois, un de ses voisins l'entendait et venait la ramasser en mille morceaux.

Pendant une année de plus, elle a réussi à rester seule dans cette demeure, où tout – les pièces, les objets – lui rappelait continuellement Laurent. À la suggestion de plusieurs de ses amis et de sa famille, elle a finalement choisi de déménager.

— J'ai par la suite regretté, parce que c'était un magnifique appartement que nous avions acheté ensemble. J'aurais dû m'en aller à l'hôtel et tout faire rénover, changer le décor pour mieux m'adapter !

Le deuil a eu sur elle un autre impact négatif. Il a perturbé sa concentration, mettant en péril sa nouvelle série télévisée. Au moment où son amoureux est décédé, Lise Payette innovait à Radio-Canada en présentant *Les Super Mamies*, l'histoire de quatre grands-mères folles de leurs petits-enfants. Elle commençait à écrire de nouveaux épisodes lorsqu'une de ses filles, Sylvie, a relevé des anomalies dans ses textes. L'écrivaine oubliait des choses : des personnages se connaissaient alors qu'ils ne s'étaient jamais rencontrés. Lise Payette ne pouvait plus travailler autant qu'auparavant. Après avoir reçu l'aide de sa fille pour terminer la deuxième saison de cette série, elle a dû mettre un terme au projet.

— J'ai appris à connaître mes limites ! Je continue à travailler, mais à mon rythme. Toute ma vie, je n'ai su faire que deux choses : parler et écrire. Pas question d'arrêter !

Elle a encore des projets à réaliser et songe à s'inspirer d'un souvenir de jeunesse pour écrire un livre. À l'âge de 12 ans, elle a croisé un adolescent en train d'écraser des fourmis dans le sable.

— Il m'a dit sur un ton hautain : « Les fourmis, c'est comme les filles, on en fait ce qu'on veut ! On peut les écraser ! » Je n'ai jamais pu oublier ces paroles insensées ! Maintenant que les femmes prennent de plus en plus de place dans notre société, mon livre s'intitulera *Ces petites bêtes qui vont mener le monde* !

Lise Payette se réjouit du progrès accompli en matière d'égalité des sexes depuis son assermentation en 1976, quand elle a été la première femme à exiger qu'on l'appelle « la » ministre plutôt que « le » ministre. Si elle était plus jeune, elle reprendrait le flambeau parce que, à ses yeux, il reste beaucoup à faire.

— Si je pouvais recommencer, je voudrais être première ministre, car c'est le seul poste politique avec un véritable pouvoir ! Je m'occuperais des personnes les plus délaissées de la société : les jeunes et les personnes âgées !

Elle trouve aberrant que des vieux soient placés dans de grands immeubles spécialement construits pour eux, où ils sont séparés des plus jeunes.

— C'est triste ! Ils ont mérité de vivre avec les autres. Ça ne veut pas dire qu'ils devraient demeurer constamment avec leurs enfants, mais ils pourraient habiter des résidences plus petites, à échelle humaine, comptant huit à dix voisins avec lesquels partager des soins, des services. Ce modèle existe dans certains pays. Il faudrait l'implanter un peu partout au Québec, pas seulement pour les plus riches, mais également pour les moins fortunés !

Son discours est passionné. D'un ton railleur, elle dépeint la société et la façon irrespectueuse dont elle se comporte envers la majorité de personnes âgées.

— On souhaiterait que les vieilles comme moi ne prennent pas trop de place. On a surtout besoin de nous pour les anniversaires, les fêtes de famille, parce que c'est bien d'avoir quelqu'un d'un certain âge dans sa parenté ! De façon générale, on nous demande de garder les petits-enfants, mais sans les éduquer et sans leur transmettre nos valeurs. Il ne faut pas déranger ! C'est du trouble, les vieux !

Il n'est pas facile non plus de soigner les personnes âgées et de les maintenir en vie. Elle est consciente que, pour beaucoup de jeunes médecins, il est nécessaire de les guérir à tout prix en sacrifiant une large part d'humanisme.

— Grâce à la science, on peut mourir très vieux, bourrés de médicaments et d'incapacités physiques ou intellectuelles. On retarde simplement la mort. Il faudra un jour laisser les gens âgés mourir sans acharnement thérapeutique, quand ils ont des maladies chroniques et aucune autonomie, ou, s'ils le désirent, les accompagner jusqu'à 100 ans, mais dans un meilleur état de santé. Qui veut s'éterniser et traîner plusieurs années sans qualité de vie ? Certainement pas moi ! Je veux avoir le droit de décider jusqu'à mon dernier souffle !

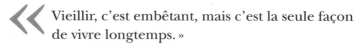 Vieillir, c'est embêtant, mais c'est la seule façon de vivre longtemps. »

FÉLIX LECLERC

L'ambulance file à vive allure, sirène hurlante, zigzague pour dépasser les nombreuses voitures qui roulent à la queue leu leu, puis tourne brusquement en faisant crisser ses pneus sur l'asphalte huileux. Elle gravit une étroite butte entourée de murets de béton pour accéder au stationnement extérieur des urgences de l'Hôpital Notre-Dame à Montréal. Les deux ambulanciers descendent promptement de l'habitacle, synchronisent leurs mouvements pour ouvrir la portière arrière, font glisser la civière et la poussent à la hâte vers l'entrée. Immobilisé sur le dos et emmitouflé jusqu'au cou dans sa couverture de lainage rouge, l'homme de 92 ans, toujours conscient, ne voit que le ciel gris au-dessus de sa tête.

Ce ciel, il appréhende d'y monter beaucoup trop vite en venant aux urgences. Alors qu'il entre les pieds devant dans le bâtiment, Léopold Duquette se sent un peu mourir. Il est aspiré dans un long tunnel de lumières fluorescentes et de sons affolants : toux profondes, pleurs, cris étouffés, bruits de pas, grincements de roues métalliques de lits qu'on déplace sans arrêt. À l'interphone, une voix féminine répète des numéros de salles d'examen et des noms de médecins, mais aucun ne semble disponible pour le soigner. Sa civière reste immobile durant de très longues minutes près d'un mur. Des infirmières et des préposées passent en coup de vent sans lui porter attention. Sa tête tourne. Il ferme les yeux. L'angoisse l'envahit. Il repense à son accident.

Il était seul dans son quatre et demie, dans une résidence privée pour gens âgés de l'est de Montréal. En fin d'après-midi, alors qu'il allait prendre un breuvage dans le réfrigérateur, il s'est retourné brusquement pour saisir la poignée en oubliant que l'arthrose au niveau de ses genoux lui fait fréquemment perdre l'équilibre. De son autre main, il a vainement tenté de s'agripper au rebord d'un comptoir, mais, l'instant d'après, il avait perdu pied et s'effondrait de tout son poids sur le plancher, après avoir fait un vol plané et heurté brutalement de la tête un calorifère. Étourdi, son premier réflexe a été de se passer les mains dans les cheveux. Il avait une grosse bosse sur le crâne, mais il n'y avait heureusement aucune trace de sang. Il a par contre ressenti une chaleur envahissante dans sa jambe droite et vu une grande giclée de liquide écarlate sortir du bas de son pantalon. L'entaille semblait profonde.

Cloué au sol, Léopold Duquette avait beau essayer de se relever, il n'y parvenait pas. Il voyait le bouton d'alarme sur le mur, à quelques pas de lui, mais il savait qu'il ne pourrait jamais l'atteindre sans se relever. Il ne restait qu'une seule chose à faire : crier de sa voix rauque pour se faire entendre d'un autre locataire ou d'une employée passant devant son appartement.

— À l'aide ! À l'aide !

À bout de souffle à cause de son emphysème, il abandonne après quelques minutes. L'ex-militaire met alors en pratique la meilleure leçon qu'il a apprise quand il était capitaine d'artillerie en Europe pendant la Seconde Guerre mondiale : ne jamais paniquer. Après quelques minutes de réflexion, il pense avoir trouvé une solution. De façon inespérée, le cordon du téléphone qui se trouve sur le comptoir de la cuisine pend dans le vide, sur au moins 20 centimètres de longueur, ce qui est probablement suffisant pour qu'il puisse l'attraper en s'en approchant. Se tordant de douleur, il rampe sur le ventre pendant plus d'une heure, en faisant de courtes pauses, et réussit à franchir les trois mètres interminables qui le séparent de son objectif en laissant derrière lui une traînée de sang. D'une main tremblante et moite de sueur, il tire de toutes ses forces sur le cordon. L'appareil tombe tout près de lui. Haletant, il réussit à composer le seul numéro qu'il connaît par cœur, celui de sa sœur.

— Ne me demande pas comment ça va. Appelle immédiatement les propriétaires de ma résidence. Ils doivent envoyer quelqu'un d'urgence à mon appartement!

Alertée, une préposée vient finalement à sa rescousse quelques minutes plus tard. En le découvrant baignant dans une mare de sang, elle part aussitôt en courant chercher de l'aide. Deux autres employées arrivent à toute allure pour essayer de le relever.

— Je leur ai dit d'arrêter. J'étais très lourd. Je pesais 95 kilos!

Habitué à diriger, Léopold Duquette est formel. Il n'est pas question pour lui d'aller à l'hôpital. Sa dernière visite remonte à 45 ans, pour un léger problème de santé. Il voit souvent des reportages à la télévision sur les temps d'attente aux urgences et n'a absolument pas l'intention d'aller grossir les rangs des éclopés. Personne n'écoute ses ordres. Les ambulanciers arrivent prestement, le soulèvent pour l'asseoir dans son fauteuil, lui font un bandage, puis le transportent au centre hospitalier.

— Quand on voit le grand nombre de personnes en difficulté et de civières un peu partout, on n'a pas le goût de rester aux urgences. On veut retourner à la maison! dit-il, désemparé.

À son arrivée à l'Hôpital Notre-Dame, M. Duquette attend environ une heure avant qu'un urgentologue lui donne les premiers soins. Il referme la plaie de sa jambe droite par une vingtaine de points de suture. Pour vérifier son état de santé général, il demande ensuite à une collègue, spécialiste des personnes âgées, d'intervenir à son tour. La solution idéale serait d'admettre M. Duquette au deuxième étage, à l'unité d'évaluation gériatrique, où seize patients d'un âge avancé peuvent être hospitalisés en même temps, mais il n'y a aucun lit disponible. Il reste donc dans un corridor des urgences durant trois jours et trois nuits avant d'être transféré dans une pièce voisine, un peu moins bruyante, aménagée ces dernières années pour recevoir une dizaine de malades parmi les plus vulnérables.

— Je n'ai presque pas dormi tellement il y avait de lumière et de monde qui allait et venait, raconte M. Duquette. Je ne me plaindrai pas trop, car j'ai déjà vécu pire ! J'ai fait la guerre !

La gériatre Annik Dupras s'est empressée de le rencontrer pour apaiser ses craintes et prendre une série de mesures dans le but d'éviter que son état se détériore. Elle devait d'abord vérifier s'il était capable de marcher, malgré sa blessure, et de conserver son autonomie.

Chaque fois qu'elle voit des patients âgés ayant fait de vilaines chutes – et elle en rencontre beaucoup, car ces accidents représentent 9 % de leurs admissions aux urgences, soit 16 000 hospitalisations par an au Québec –, elle craint toujours les effets dévastateurs[42]. Les victimes ont peur de tomber à nouveau durant leur période de récupération. Elles bougent moins, ou pas du tout, même si elles peuvent le faire progressivement, et préfèrent rester au lit en prenant un excès de précautions. Cela entraîne une diminution de leur mobilité. Chez une personne de 75 ans et plus, une seule journée complète d'alitement se traduit par trois jours d'hospitalisation supplémentaires. Immobilisé, un malade âgé perd de 5 à 10 % de sa masse musculaire par semaine, et il aura

---

42. *Zoom santé*, Institut de la statistique du Québec, nº 39, novembre 2012, p. 1-2.

ensuite besoin de nombreuses séances de réadaptation pour marcher à nouveau. Le tiers des personnes âgées hospitalisées voient leurs forces physiques péricliter, ce qui entraîne inévitablement des pertes d'autonomie.

— Allez, monsieur Duquette, on va marcher! dit la Dre Dupras.

Un peu dur d'oreille, il ne répond pas. Avec toute la patience nécessaire pour traiter les aînés, elle s'approche davantage et lui répète avec délicatesse:

— Je vous présente votre physiothérapeute. Elle va vous aider à vous lever et à marcher. Tout va bien aller! N'ayez pas peur!

M. Duquette braque les yeux sur la nouvelle venue. Elle pourrait être son arrière-petite-fille tellement elle lui semble jeune avec ses longs cheveux châtains, son regard angélique et son uniforme bleu ciel. Il lui fait instinctivement confiance.

— Une fois debout, vous utiliserez la marchette! Je vais vous tenir! lui dit-elle.

Soutenue par sa physiothérapeute, l'homme affaibli réussit à se hisser laborieusement hors de son fauteuil en grimaçant. Avec pudeur, elle prend soin de refermer sa jaquette dans son dos et s'assure que ses pantoufles sont bien ajustées. En retrait, la gériatre observe attentivement ses mouvements. Les voilà partis, bras dessus, bras dessous, dans un des corridors achalandés. Il avance à pas de tortue avec beaucoup d'hésitations. Elle l'encourage constamment et sourit de le voir reprendre confiance en lui. Après quelques minutes, elle le reconduit près de son lit et le rassoit dans son fauteuil, avec la satisfaction d'avoir franchi un premier pas vers sa lente guérison.

— Merci! Je pensais ne jamais réussir, lui dit-il, exténué et le regard hagard.

— Nous allons revenir demain et on va recommencer! lui répond la Dre Dupras.

Avant de le quitter, elle prend ses mains fragiles dans les siennes pour lui signifier qu'elle ne le laissera pas tomber. À la fin de son adolescence et au début de ses études de médecine, Annik Dupras avait déjà cette habitude de toucher tendrement les gens âgés quand elle travaillait comme préposée aux bénéficiaires dans un CHSLD. Ils lui rappelaient sa grand-mère, devenue centenaire, qu'elle chérissait tant.

La passion de la gériatrie lui est venue naturellement. Son choix de spécialisation s'est confirmé le jour où, pendant sa résidence en médecine, elle a réussi à faire soigner, envers et contre tous, une dame de 94 ans, victime d'une arythmie cardiaque et d'un problème pulmonaire.

— Cette dame est arrivée en détresse respiratoire aux urgences. Son état de santé général me laissait croire qu'on pouvait la sauver, mais, à cause de son âge, personne ne voulait m'écouter et encore moins la conduire aux soins intensifs. Finalement, grâce à l'ouverture d'esprit de mon supérieur, j'ai réussi à convaincre mon équipe de me laisser faire. Une journée plus tard, ma patiente quittait les soins intensifs, et elle a vécu quelques belles années de plus !

Elle s'apprête à m'en dire davantage sur son amour pour sa profession lorsque son téléavertisseur interrompt notre conversation. Elle reconnaît le numéro du poste téléphonique du département de chirurgie. Un collègue veut probablement la consulter, comme c'est souvent le cas, pour savoir quoi faire avec une personne âgée très confuse après une intervention.

Elle ne veut pas le faire attendre et part en vitesse. Pour se rendre jusqu'aux ascenseurs, elle traverse les urgences, consternée encore une fois de voir le nombre alarmant de patients sur des civières. En temps normal, il devrait y en avoir 43 au maximum, la limite permise par le ministère de la Santé : ils sont plus de 80, soit un taux d'occupation de 200 %. La moitié des malades alités ont plus de 75 ans. Et dire qu'ils seraient trois fois plus à risque de développer une infection respiratoire ou gastro-intestinale uniquement en se trouvant dans ce milieu microbien[43]!

— Je peux à coup sûr prédire lesquelles, parmi ces personnes âgées, présenteront des signes de délirium durant les prochaines heures! affirme-t-elle.

Elle m'explique que le délirium est un état de confusion aiguë pouvant affecter de 30 à 50 % des personnes âgées hospitalisées. Les malades ont des hallucinations, sont désorientés et ont des problèmes de mémoire. Ça n'a rien à voir avec la démence; il suffit d'une détection et d'une intervention précoces pour prévenir la spirale de complications qui s'ensuit. Cette forme de délire peut apparaître à la suite d'une maladie intense, de complications postopératoires, d'une déshydratation, d'une dénutrition ou encore d'une visite prolongée aux urgences, où le patient âgé et très vulnérable n'a plus ses repères.

— Voilà pourquoi, répète la Dre Dupras, ils devraient rester ici le moins longtemps possible! Ces vieillards sont d'abord maintenus trop longtemps aux urgences parce que les lits ne se libèrent pas sur les étages. Par ailleurs, des dizaines de personnes âgées seraient en mesure de céder leur place et d'obtenir leur congé après une longue hospitalisation de plusieurs mois, mais il n'y a pas suffisamment d'endroits disponibles dans la société pour accueillir des cas aussi lourds nécessitant plus de trois heures de soins quotidiens.

La situation la préoccupe. Chaque année, chez les personnes âgées de 60 à 65 ans, une sur dix est hospitalisée. Les 75 ans et plus représentent quant à eux 37 % des journées d'hospitalisations[44]. Ils occupent généralement un lit deux fois plus longtemps que les autres patients parce qu'ils

---

43. « Risk of infection following a visit to the emergency department: a cohort study », *Canadian Medical Association Journal*, www.cmaj.ca/content/early/2012/01/23/cmaj.110372.abstract.

44. *Approche adaptée à la personne âgée en milieu hospitalier, cadre de référence*, ministère de la Santé et des Services sociaux du Québec, 2011, 188 pages.

récupèrent lentement. Mais ce n'est pas l'unique raison. Selon la Dre Dupras, les patients âgés devraient tous être soignés différemment. Elle se demande pourquoi la communauté médicale ne se mobilise pas intensivement pour mettre en pratique les connaissances acquises depuis vingt ans en gériatrie. La nouvelle approche devrait aussi intéresser les gestionnaires en cette période de compressions budgétaires, où une seule journée passée dans une chambre de son hôpital coûte aux contribuables la rondelette somme de 1 188 dollars.

De plus en plus de travailleurs de la santé partagent ses idées. Ils redoutent eux aussi le «tsunami gris», nom donné au raz-de-marée qui risque de nous frapper à cause du vieillissement de la population et de l'explosion de la demande de soins[45]. Quelques-uns innovent en créant des programmes adaptés aux *baby-boomers* tels que le projet OPTIMAH, qui a vu le jour en 2007 au Centre hospitalier de l'Université de Montréal. Trois ans plus tard, il a inspiré des experts, supervisés par les instituts universitaires de gériatrie de Montréal et de Sherbrooke. Ils ont concocté une approche adaptée aux personnes âgées qui guide les gestionnaires et les professionnels de la santé de tous les hôpitaux, car tout est à refaire[46].

Durant les années 1980, en se fiant à d'importantes études menées en Angleterre et aux États-Unis, le ministère de la Santé du Québec a créé des unités gériatriques dans les centres hospitaliers. Il fallait offrir des traitements particuliers à la clientèle du troisième âge, encore peu nombreuse à l'époque. Depuis, les choses ont évolué. Ces unités ne suffisent plus. Désormais, dans l'ensemble des hôpitaux, les

---

45. Marco Bélair-Cirino, «Le système de santé menacé par un "tsunami gris"», *Le Devoir*, 23 août 2010, www.ledevoir.com/societe/sante/294823/le-systeme-de-sante-menace-par-un-tsunami-gris.

46. *Approche adaptée à la personne âgée en milieu hospitalier, cadre de référence*, ministère de la Santé et des Services sociaux du Québec, 2011, 188 pages.

personnes très âgées représentent plus du tiers des patients admis pour des soins de courte durée. En cardiologie, en médecine interne, en orthopédie et en urologie, ce nombre atteint des proportions variant entre 45 à 67 %.

Selon le projet OPTIMAH et l'approche adaptée, la façon de les traiter doit être différente parce que leur physiologie est différente. Les personnes très âgées ont généralement un ensemble de maladies chroniques – problèmes neurologiques, cognitifs, musculosquelettiques, cardiorespiratoires – et des troubles de mobilité. Le monde médical doit tenir compte de tous ces facteurs et comprendre en même temps les dangers liés à l'hospitalisation.

L'état de santé des personnes très âgées peut grandement s'aggraver en raison de l'environnement néfaste que constituent pour elles les urgences et les services de soins, de la perte d'identité qu'elles éprouvent dans un milieu inconnu, de l'alitement prolongé qu'elles subissent sans raison dans la majorité des cas, d'un mauvais choix de médicaments et de la malnutrition, malheureusement encore tolérée. Selon une étude publiée en Angleterre – les conclusions seraient probablement similaires au Québec –, les deux tiers des malades âgés décédés dans les 30 jours suivant leur opération n'avaient pas reçu des soins adaptés[47].

Pour éviter que l'état de santé des personnes âgées se détériore, le projet OPTIMAH invite tout le personnel à mieux identifier celles qui sont les plus vulnérables, à surveiller de près les six signes vitaux gériatriques les plus importants, grâce à un aide-mémoire appelé AINÉÉS, et à procéder très tôt aux interventions préventives dont l'efficacité à réduire les complications est prouvée.

---

47. *An Age Old Problem, A review of the care received by elderly patients undergoing surgery*, National Confidential Enquiry into Patient Outcome and Death, Londres, Angleterre, novembre 2010, 15 pages.

Voyons plus en détail à quoi correspond le sigle AINÉÉS :

A Autonomie et mobilité
I Intégrité de la peau
N Nutrition et hydratation
É Élimination
É État cognitif et comportement
S Sommeil

AUTONOMIE ET MOBILITÉ

Les employés et les familles sont sensibilisés à l'importance de faire bouger les personnes âgées dès leur arrivée à l'hôpital, en commençant par les asseoir dans leur fauteuil plusieurs fois par jour. Moins de patients sont par la suite envoyés en soin de longue durée et en réadaptation parce qu'ils ont conservé davantage de mobilité. Il en résulte un recours moins important aux contentions et aux culottes d'incontinence, très coûteuses.

INTÉGRITÉ DE LA PEAU

La peau d'une personne âgée est très fragile et plus mince en raison des effets du vieillissement auxquels s'ajoutent des problèmes vasculaires, neurologiques ou nutritionnels. Des plaies de lit – couramment appelées plaies de pression – peuvent apparaître en seulement trois heures d'alitement et d'immobilité, principalement au niveau du sacrum et des talons. Voilà pourquoi il est important d'éviter l'alitement non nécessaire. Il faut aussi surveiller la position dans laquelle le malade est couché et la modifier toutes les deux heures, sinon la lésion peut s'aggraver sans possibilité de rétablissement.

En janvier 2013, j'ai moi-même compris combien il est important de mieux traiter de telles plaies. J'ai rencontré une dame de 84 ans, Madeleine Mousseau, admise dans un centre de réadaptation de Montréal à la suite d'une intervention chirurgicale à la hanche. Après avoir beaucoup souffert durant un an, elle a dû se faire amputer la jambe droite parce que sa plaie au talon s'était aggravée. Un commissaire aux plaintes a constaté «des lacunes dans le suivi de la plaie de pression[48]». Je ne pourrai jamais oublier la voix de Mme Mousseau. Elle ne cessait d'invoquer la mort pour ne pas avoir à vivre avec un membre en moins. Dans les unités de soins de courte durée des hôpitaux du Québec, une personne âgée sur quatre risque de développer une plaie de lit[49]. Imaginez les coûts sociaux et économiques!

NUTRITION ET HYDRATATION

Afin d'améliorer la santé des patients gériatriques, il est primordial de stimuler leur appétit, de les aider à manger à leur rythme s'il le faut. Ils doivent aussi boire régulièrement pour s'hydrater.

Lors de leur admission, environ 35 % des malades souffrent de malnutrition. Cette proportion grimpe jusqu'à 50 % quand ils quittent l'hôpital. Après une seule année de malnutrition, la mortalité peut s'accroître de 9 % chez les personnes les plus âgées, et de 38 % après deux ans[50].

— Dernièrement, on m'a demandé de voir une dame de 92 ans, raconte la Dre Annik Dupras. Elle n'avait pas beaucoup d'appétit. Elle perdait du poids et des forces. Ce n'est pas étonnant! J'ai découvert une infection à champignons dans sa bouche. Elle ne se plaignait pas, mais ses aliments avaient le goût répugnant du métal. Il faut être à l'affût,

---

48. *Conclusion de la commissaire aux plaintes et à la qualité des services*, Hôpital de réadaptation Villa Médica, (N/réf.: 2011-2102-06), 6 mars 2012.

49. *Approche adaptée à la personne âgée en milieu hospitalier – Plaie de pression*, La Direction des communications du ministère de la Santé et des Services sociaux du Québec, Gouvernent du Québec, 2012, 17 pages.

50. *Approche adaptée à la personne âgée en milieu hospitalier, cadre de référence*, ministère de la Santé et des Services sociaux du Québec, 2011, p. 13.

évaluer correctement les causes d'un manque d'appétit au lieu de les attribuer automatiquement à l'âge! En 2013, le CHUM a innové en offrant des menus plus caloriques aux patients de plus de 75 ans.

ÉLIMINATION

Éviter de mettre inutilement une culotte d'incontinence à un vieillard, ce n'est pas seulement une question de dignité. Cela l'oblige à bouger, à rester autonome. Encore faut-il s'assurer que son environnement est sécuritaire, que la toilette est accessible et munie de barres d'appui, et que le personnel est en nombre suffisant pour le conduire à la salle de bain. Les médecins doivent également éviter de laisser en place trop longtemps des sondes urinaires, car cela empêche la mobilité tout en augmentant le risque d'infections.

ÉTAT COGNITIF ET COMPORTEMENT

Pour favoriser le bon état intellectuel et mental de la personne âgée, la stabilité du personnel soignant est recommandée, ce dont on tient peu compte dans l'organisation du travail en soins aigus. Il faut aussi éviter de la changer fréquemment de chambre et pourvoir les lieux d'objets facilitant son orientation, comme une horloge, un calendrier bien en vue, des photos de famille, tout ce qui lui facilite la vie de tous les jours. Par ailleurs, le choix des médicaments doit être judicieux. Ils peuvent réduire la morbidité et la mortalité de façon significative, mais, à l'inverse, ils peuvent engendrer de graves problèmes. Plus de la moitié des patients subissent une erreur de médicaments lors de leur admission en soins aigus. Près du tiers des hospitalisations de personnes âgées est lié à un problème de médication[51].

---

51. *Op. cit.*, p. 33.

SOMMEIL

L'utilisation de sédatifs ou de substances hypnotiques est à écarter dans la mesure du possible pour ne pas occasionner ou aggraver un délirium.

— Il n'y a pas de remède miracle ! Cela paraît simple, mais la principale difficulté rencontrée est la constance dans l'application des mesures. Dès que ça déborde, on revient à nos mauvaises habitudes. Ça commence aux urgences. On laisse nos plus vieux malades couchés. On réduit ensuite leurs chances de guérison ! déplore la Dre Dupras.

Une de ses collègues, Marie-Jeanne Kergoat, gériatre de grande renommée et médecin-chef à l'Institut universitaire de gériatrie de Montréal, abonde dans le même sens et ne cesse de répéter le message lors de congrès médicaux.

— Nos hôpitaux doivent composer avec une grande affluence de personnes âgées ayant de lourdes pertes d'autonomie. Les infirmières sont particulièrement sollicitées. Leur travail est devenu une énorme tâche exercée continuellement sous pression et axée en premier lieu sur l'efficacité. Quand on leur en demande plus, elles ne peuvent faire mieux. Aux urgences, elles installent les personnes âgées sur des civières, ce qui ne favorise en rien leurs déplacements. Les lieux sont étroits et mal adaptés. Parce que la demande d'hospitalisation dépasse les capacités d'accueil, la salle d'urgence est devenue non seulement une zone d'attente, mais trop souvent un endroit de séjour. Le malade doit s'adapter au système alors que ça devrait être le contraire ! C'est épouvantable !

En trente ans de pratique médicale, cette gériatre d'origine bretonne, habituée à courir de longs marathons, s'est souvent sentie bien seule pour défendre les personnes âgées. Son endurance et sa patience commencent à donner des résultats. Les mentalités changent. Elle espère que c'est en bonne partie grâce à la sensibilisation.

— Il fut un temps où on ne parlait pas de cancer. On disait plutôt : « Il est mort d'une longue maladie. » Les choses ont évolué et on a moins peur d'évoquer cette maladie. C'est la même chose pour le vieillissement. Nous n'aimons pas en discuter, car cela nous oblige à envisager notre déclin et, à la limite, notre propre mort. Pourtant, nous n'avons pas d'autre choix que de faire face à la réalité !

Marie-Jeanne Kergoat souhaite une plus grande adaptation du système de santé et une meilleure analyse des problèmes rencontrés par les patients.

— Grâce aux équipements de haute technologie dans les hôpitaux, les patients relativement jeunes ayant des problèmes cardiaques très rares peuvent être pris en charge par des médècins surspécialisés, très compétents. Dans la plupart des cas, ces malades seront soignés et retournés à la maison rapidement. Si vous avez 80 ans et souffrez d'un infarctus et d'un délirium, un médecin spécialiste va aussi s'occuper de votre cœur, mais il n'a pas été formé pour contrôler votre délirium, votre risque de chute ou votre incontinence. Il ne résout qu'une partie du problème sans trop savoir comment s'y prendre avec le reste. Et puis, ça prend du personnel pour surveiller les patients de plus de 75 ans durant leur convalescence, veiller à leur sécurité et à leur récupération, et il n'y en a pas suffisamment ! On a beau accroître les connaissances, les habiletés techniques, on n'est pas aussi performant du côté des relations interpersonnelles. On a oublié le côté humain !

Étrangement, malgré le vieillissement marqué de la population, la gériatrie est toujours considérée par plusieurs comme une discipline médicale moins prestigieuse que d'autres.

— Ce n'est pas valorisé de soigner des malades en perte d'autonomie, car les cliniciens ont besoin d'étaler leurs réussites ! déplorent Marie-Jeanne Kergoat et Annik Dupras.

Il n'y a qu'une soixantaine de gériatres au Québec, dont l'âge moyen est de 46 ans. Plusieurs omnipraticiens viennent leur prêter main-forte, mais la très grande majorité des étudiants dans les facultés de médecine n'envisagent aucunement de se spécialiser en gériatrie ; ils sont plus attirés par des professions de haute technologie pratiquées aux soins intensifs et aux urgences, qui offrent la gratification de sauver des vies sur-le-champ.

— De plus, souligne Marie-Jeanne Kergoat, la majorité des problèmes de santé des aînés pourraient être résolus hors des hôpitaux avec des équipes de première ligne supervisées par des médecins de famille. Malheureusement, les cliniques sans rendez-vous, devenues très populaires, n'engagent pas toujours le médecin dans une relation thérapeutique à long terme, alors que les maladies chroniques des personnes âgées exigent des suivis réguliers.

Selon l'Association québécoise d'établissements de santé et de services sociaux (AQESSS), en 2010, près du quart des personnes âgées recevant des services à domicile n'avaient pas de médecin de famille. Cette difficulté d'accès à un généraliste aurait contribué à accroître de près de 16 % le nombre de patients âgés laissés sur des civières dans les urgences[52].

— Souvent, constate Annik Dupras, ils arrivent aux urgences en désespoir de cause. Leur situation très lourde se dégrade depuis longtemps à domicile, mais rien n'a été fait pour les aider. Les familles ne savent plus quoi faire et les amènent en croyant qu'on les aidera à trouver une place en hébergement dans un CHSLD. Après une évaluation et un traitement adéquat, on constate que ce n'est pas nécessairement la solution idéale. On pourrait alors les retourner à la maison, mais à cause de l'absence de soins de première ligne,

---

52. *Recommandations sur les conditions de pratiques jugées essentielles pour assurer les soins médicaux de première ligne aux personnes âgées*, Groupe de travail interuniversitaire en soins aux personnes âgées, Université de Montréal, Université Laval, Université de Sherbrooke, Université McGill, 12 juin 2011, 12 pages.

ils reviendront presque aussitôt à l'hôpital. Et puis, ce n'est pas tout d'avoir un médecin de famille. Il doit être accessible quand on est malade, pas seulement pour les rendez-vous de routine !

Certains omnipraticiens sont cependant très dévoués et remuent ciel et terre pour sauver leurs patients du troisième âge qui vivent encore à la maison malgré leur état de santé très précaire. Ils téléphonent personnellement à Annik Dupras dans l'espoir d'obtenir une évaluation à l'unité gériatrique de l'hôpital, afin de mieux comprendre les causes de leur détérioration et d'adopter un plan de traitement plus adapté. Ils cherchent désespérément à prévenir une plus grande perte d'autonomie qui conduira irrémédiablement leurs patients en centre d'hébergement si rien n'est fait. La Dre Dupras aimerait les aider, mais elle est obligée de leur dire qu'ils doivent s'adresser aux urgences : si elle prend l'initiative de présenter une demande d'hospitalisation, elle recevra une fin de non-recevoir de la part des gestionnaires des lits de l'hôpital. Ironiquement, pendant ce temps, on se démène pour désengorger les urgences en faisant monter aux étages des vieillards qui restent parfois couchés sur une civière pendant quatre-vingt-seize heures.

Autre frustration d'Annik Dupras : le phénomène des portes tournantes. Dans un souci d'efficacité bureaucratique, on donne leur congé beaucoup trop vite à certains malades très âgés dans le but de libérer des lits, mais ils doivent revenir d'urgence à l'hôpital parce que leur état de santé général s'est détérioré ou qu'ils ont fait une chute. Ils n'étaient tout simplement pas prêts à sortir, n'ayant pas encore retrouvé suffisamment d'autonomie.

— Quand une personne âgée a une maladie aiguë, elle doit reprendre des forces ; cela fait partie du traitement. Elle ne devrait pas nécessairement passer toute cette période de récupération à l'hôpital, mais on n'a souvent pas d'autre choix. Il faudrait davantage de ressources en matière de réadaptation dans la communauté et le renfort de tous les CLSC pour les ramener à la maison et les soutenir au moins durant les deux premières semaines de convalescence. Hélas, on manque de moyens! À cause de cela, ces malades donnent l'impression de bloquer des lits! Quelquefois, les services de réadaptation qui les accueillent nous les renvoient après six semaines parce que rien ne fonctionne pendant la durée de séjour prévue! « Ça ne va pas assez vite, alors reprenez-les! » Durant cette courte période, ils ont attrapé une gastroentérite, un rhume, une infection urinaire. Quand tu es malade, tu ne peux pas faire de réadaptation!

Comble de malheur, même lorsque l'état de ces patients âgés est stabilisé, plusieurs centres de réadaptation refusent de les accueillir à nouveau. Les soins de courte durée des hôpitaux deviennent donc des lieux de réadaptation, ce qui entraîne d'importantes congestions.

Léopold Duquette a, lui aussi, goûté à cette médecine. Après avoir passé trente-cinq jours à l'Hôpital Notre-Dame, faute d'avoir obtenu une place dans un établissement de réadaptation, il a finalement retrouvé son appartement et ses habitudes, et paie de sa poche des soins à domicile. Durant son séjour à l'hôpital, il avait hâte de rentrer chez lui pour pouvoir admirer au loin le mont Saint-Bruno, majestueux avec son manteau de neige en début d'hiver, en ouvrant ses rideaux le matin. Il a néanmoins dû se résigner à déménager dans un autre logement du même immeuble, plus petit et mieux adapté à ses contraintes physiques. Dorénavant, il doit garder constamment au poignet un bracelet d'urgence, au cas où il ferait une nouvelle chute.

— Avant, je pouvais voir la montagne par la fenêtre. Maintenant, j'aperçois seulement les véhicules circulant dans la rue. Je dois être rendu à l'âge où on regarde passer les autos! dit-il avec cynisme.

Il passe une bonne partie de ses journées à souffrir en silence de son arthrose qui va en s'aggravant, à s'ennuyer de son épouse décédée en 1992, à recevoir la visite de ses deux filles et à lire. Il souhaite ne jamais retourner à l'hôpital et préfère garder une seule image en mémoire de son passage prolongé aux urgences, celle d'une jeune et jolie préposée aux cheveux blonds, toujours de bonne humeur. Elle ne cessait de courir pour aider les vieilles personnes comme lui.

— Elle ne fera probablement jamais la une des journaux. Elle essaie simplement de rendre service. On oublie trop souvent l'existence de ces personnes. Elles font un travail remarquable, me dit M. Duquette, avant de me laisser partir. N'oubliez pas d'écrire qu'il y a des gens dévoués dans le système de santé !

Avant de refermer la porte de son appartement, où je l'ai retrouvé pour prendre de ses nouvelles après notre première rencontre à l'Hôpital Notre-Dame, j'ai jeté un dernier coup d'œil derrière moi, craignant de ne plus jamais le revoir. M. Duquette était resté assis dans son fauteuil, près de son lit, car il lui était trop difficile de se lever. Ses 95 ans et ses maladies chroniques le condamnent à passer le reste de son existence entre quatre murs. Je me suis alors rappelé les paroles marquantes de la gériatre Marie-Jeanne Kergoat.

— Lorsqu'on a 20 ans, notre univers, c'est le monde. À 50 ou 60 ans, si on a moins d'argent pour voyager à l'étranger, ça risque d'être notre pays. Dix ans plus tard, ce sera notre ville, puis notre rue. Enfin, lorsque la santé et la mobilité diminuent, il nous reste notre demeure. En dernier lieu, il y a un simple lit pour y mourir. Le monde se rétrécit toujours lorsqu'on vieillit !

Ce monde imparfait étant ce qu'il est, il faut parfois se battre jusqu'au bout pour garder un lit dans lequel finir ses jours. Cela arrive même à des personnes qu'on pourrait croire favorisées par les services de santé. Il n'y a pas si longtemps, le beau-père de la Dre Annik Dupras est mort. En fin de vie, il a dû être isolé dans une chambre d'hôpital pour éviter la propagation d'une bactérie résistante aux antibiotiques. Une fois la bactérie disparue de son organisme, un gestionnaire de lits a décidé de le transférer dans une chambre d'un autre service, avec un patient arrivant d'une salle de chirurgie.

— Ça n'avait aucun sens, ni pour lui, ni pour la famille. Il allait mourir dans le charivari. Les valeurs humaines passaient très loin derrière la gestion d'un lit qui devait absolument être libéré pour faire monter un patient des urgences. Heureusement, le médecin de garde a été de mon avis et est intervenu pour qu'il retourne dans une chambre privée en attendant d'avoir une place aux soins palliatifs, où il est décédé. Voilà où en est rendue notre société. Quand tu n'es plus rentable, tu deviens un simple numéro !

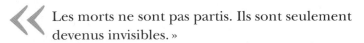 Les morts ne sont pas partis. Ils sont seulement devenus invisibles. »

Saint Augustin

Elle m'attendait couchée dans son lit, au bout d'un long corridor, au quatrième étage de l'Hôpital Charles-Lemoyne de Longueuil. Elle attendait aussi la mort. Quelques jours auparavant, son médecin lui avait demandé si elle avait la force de me parler et de participer à un reportage télévisé sur les soins palliatifs. Elle avait dit oui sans hésiter, pour rendre hommage à tout le personnel soignant toujours prêt à adoucir ses souffrances, et n'avait pas changé d'idée malgré la dégradation rapide de son état. Au grand étonnement de tous, son corps ravagé par le cancer résistait encore. Elle demeurait consciente malgré sa forte médication et espérait sa libération et sa rédemption, après avoir réussi, non sans difficulté, à faire le deuil de ses soixante-sept années de vie.

Avant de rencontrer Marina Chevarie, en cette journée de novembre 2007, je l'avais imaginée petite et chétive, triste et déprimée, mais si vous me demandez comment elle était vraiment, je vous parlerai surtout de ses yeux doux et expressifs, comme on en voit rarement, des yeux qui parlent quand la parole ne sert plus à rien. Ils étaient contemplatifs et n'exprimaient aucune crainte. Son regard illuminait son visage émacié et cireux, faisant presque oublier son crâne dégarni par la chimiothérapie.

— Vous avez de très beaux yeux ! n'ai-je pu m'empêcher de lui dire.

Elle a souri et cela m'a fait du bien, car j'étais crispé et triste de la voir mourante.

Une infirmière est entrée dans la chambre et lui a demandé si elle avait besoin de quelque chose. De sa voix à peine audible, Mme Chevarie a demandé un glaçon. Elle a poussé un soupir de soulagement en le laissant fondre dans sa bouche. Cette scène presque banale m'a fait penser à ma grand-mère, décédée quarante ans auparavant. Celles que nous appelions alors les gardes-malades déposaient de petits morceaux de glace dans un verre de styromousse pour humidifier ses lèvres et sa langue durant son agonie. J'ai failli pleurer en repensant à elle. Je me suis retenu en voyant apparaître une jeune femme. C'était une chanteuse. Elle faisait de la musicothérapie pour détendre les patients.

— Bonjour, madame Chevarie ! Aimeriez-vous que je vous chante quelque chose ? Avez-vous un artiste préféré ? a-t-elle demandé en souriant.

Confuse, la malade n'arrivait pas à répondre. Il y eut un long silence pendant lequel je me suis demandé en quoi cela peut être si important d'entendre une simple chanson quand on sait qu'on va mourir.

— Que diriez-vous de *Parlez-moi d'amour*[53] ?

Mme Chevarie a acquiescé d'un léger mouvement de la tête. L'artiste a sorti de son sac à main un diapason pour produire une note de référence et a entamé un air mélodieux.

Parlez-moi d'amour
Redites-moi des choses tendres
Votre beau discours
Mon cœur n'est pas las de l'entendre
Pourvu que toujours

---

53. *Parlez-moi d'amour*, chanson écrite et composée par Jean Lenoir et interprétée la première fois par Lucienne Boyer.

Vous répétiez ces mots suprêmes
Je vous aime.

Marina Chevarie buvait chacune de ses paroles. Il y avait une étincelle dans ses yeux doux, devenus encore plus expressifs. J'ai soudainement compris pourquoi il est important d'avoir un air dans la tête quand ça ne va pas. Cela fait oublier momentanément les pires choses. La musique, même la plus triste, a un effet apaisant. N'avez-vous jamais écouté des chansons douces lorsque vous aviez une peine d'amour ? Montez-vous le son de votre radio ou de votre lecteur MP3 quand vous rentrez à la maison après une journée de travail éprouvante ? La musique nous rattache à la vie quand nous sommes désespérés. C'est ce qui arrivait à Mme Chevarie. Elle profitait du moment présent, refusant de cesser de vivre avant de vraiment mourir.

La prestation terminée, la chanteuse est partie. Je me suis alors retrouvé seul avec mon caméraman et Mme Chevarie, hésitant à lui poser des questions. Elle a senti mon désarroi. N'ayant plus une minute à perdre, elle s'est mise à me dire ce qu'elle souhaitait avant de partir. Elle se préoccupait principalement de sa famille. Elle avait beaucoup de peine quand elle voyait pleurer ses deux fils et son époux à chacune de leurs visites.

— Ils veulent être avec moi, mais je sais que ce n'est pas facile pour eux. Ils doivent profiter de la vie et me laisser seule s'il le faut.

— Avez-vous peur ?

— Non. J'ai de la misère à boire et à manger. Je ne peux plus continuer. Il faut que ça se fasse. Quelque chose m'attend là-haut.

Très affaiblie, elle avait de plus en plus de difficulté à respirer. Ses derniers mots ont été pour son unique petit-fils, âgé de deux ans et demi, qu'elle aurait tant aimé voir grandir.

147

— Il est venu me voir hier. C'était peut-être la dernière fois. Je pars en paix.

Elle avait vu son petit ange. Le reste n'avait plus d'importance. Quelques minutes après notre départ, Marina Chevarie a demandé à son médecin de la soulager davantage. On lui a posé une perfusion pour lui administrer un narcotique et un sédatif, endormant son mal et ses angoisses. Elle s'est réveillée une seule fois, quelques heures plus tard, surprise d'être encore de ce monde. Le lendemain soir, le 17 novembre 2007, elle exhalait son dernier soupir, entourée de quelques membres de sa famille, dans la chambre 440 de l'unité des soins palliatifs de l'Hôpital Charles-Lemoyne. Comme le veut la tradition, les infirmières ont installé un petit bouquet de fleurs séchées près de sa porte pour signifier sa disparition.

« Disparaître » est sans doute le meilleur verbe à utiliser en pareille circonstance, car, tout comme les centaines d'hommes et de femmes qui se sont succédé dans le même lit, avant et après elle, Marina Chevarie ne s'est pas complètement éteinte ce jour-là. Tout ce qu'elle était existe encore.

Je l'ai constaté quatre années après son décès. L'idée m'est venue de contacter son époux. J'avais conservé son numéro dans un vieil agenda. Nous avions déjà eu une brève conversation au téléphone après mon reportage télévisé avec Mme Chevarie, mais nous ne nous étions jamais rencontrés.

André Bélanger m'a invité chez lui. Pendant près de deux heures, installés dans son salon au décor rétro, nous avons regardé ensemble de nombreuses photos de sa femme, prises après leur première rencontre sur une piste de danse de Montréal au début des années 1960. Elle avait 22 ans, lui 25. Marina Chevarie revivait sous nos yeux, jeune et en bonne santé, les cheveux abondants, le regard rempli de promesses. Sur les vidéos, elle fixait continuellement la caméra, vedette de sa propre vie, dansant et savourant chaque moment lors des fêtes de famille et des partys de bureau, la tête pleine de chansons. Avant d'être mourante, elle avait été vivante. Je voulais savoir ce qui s'était passé.

— Neuf mois avant son décès, elle a appris qu'elle avait un cancer du côlon. Elle a subi une intervention chirurgicale, mais les médecins ont rapidement découvert la présence de métastases au foie. Les trois traitements de chimiothérapie et la radiothérapie n'ont pas pu la sauver, m'a raconté, mélancolique, M. Bélanger.

La première réaction de Marina Chevarie, en apprenant qu'elle souffrait d'une maladie incurable, a été de se fâcher et de s'isoler, ce qui allait à l'encontre de sa personnalité habituelle et de l'affabilité dont elle faisait preuve continuellement dans son travail d'adjointe de direction dans une compagnie d'assurance. Très affectée physiquement et psychologiquement, elle tenait tout de même à rester seule à la maison pendant que son mari se rendait au travail.

— Je n'aimais pas ça. En revenant en fin de journée, je l'ai retrouvée trois fois au pied de son lit. Elle avait chuté et ne pouvait plus se relever. Je ne savais plus quoi faire.

Deux semaines avant la fin, le mal s'est fait de plus en plus virulent. Elle a dû se rendre aux urgences de l'Hôpital Charles-Lemoyne. Le médecin de garde n'a pas hésité à l'hospitaliser à l'unité des soins palliatifs.

— Jamais je n'avais senti la mort d'aussi proche, me confie M. Bélanger. Je ne connaissais pas les soins palliatifs. Mes parents sont partis très vite. Mon père est mort subitement du cœur à 57 ans et ma mère a eu une maladie de foie foudroyante.

Dans le cas de Marina Chevarie, ce fut un peu plus long. Sur les 445 lits que compte l'Hôpital Charles-Lemoyne, sept sont réservés aux soins palliatifs. Elle a pu en obtenir un car elle est arrivée au moment où une place se libérait, sinon elle aurait pu se retrouver en chirurgie, en neurologie ou même à la maternité, près de la chambre d'un nouveau-né, où les infirmières, si dévouées soient-elles, ne sont pas formées pour offrir les soins de fin de vie. Mais cela, les familles le découvrent uniquement quand elles perdent un être cher dans la confusion et le tumulte.

André Bélanger a été choyé que son épouse puisse bénéficier de ce lit. Cela lui a permis de supporter sa douleur plus sereinement. Il y avait même un psychologue pour les accompagner. En dépit de cet appui inespéré, l'épreuve fut marquante et l'a beaucoup fait réfléchir. Si jamais le cancer le frappait à son tour, il ne souhaitait pas finir ses jours dans un hôpital. Il avait vu trop de patients souffrir et agoniser. L'endroit lui rappelait sans arrêt la mort de sa femme.

Après le départ de son épouse, l'épuisement et la maladie l'ont anéanti. Il a dû subir d'urgence une intervention à l'estomac. Pendant un long moment, tout semblait se replacer. C'était avant l'apparition d'un fulgurant cancer du pancréas. André Bélanger est mort le 31 août 2012, en regardant sur les murs de sa chambre les photos de son épouse. Il la retrouverait après une trop longue séparation. Sur mon enregistreur numérique, j'ai réécouté sa dernière phrase, prémonitoire, prononcée avec un trémolo dans la voix, lors de notre unique rencontre. C'était avant qu'il apprenne son départ imminent.

— J'ai passé proche de la mort et cela m'a ébranlé. Je la repousse !

Une infirmière du CLSC a eu le temps de lui rendre visite à domicile, une seule fois, avant qu'il meure paisiblement chez lui, comme il en avait exprimé le souhait. Toutes les personnes âgées ne pourront malheureusement pas exaucer ce vœu. Certaines devront être hospitalisées en raison de leur grave maladie. Faute de moyens suffisants, on ne pourra pas leur accorder les soins de fin de vie à la maison qu'elles demandent.

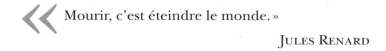 Mourir, c'est éteindre le monde. »

JULES RENARD

Il est tôt le matin. Le Dr Louis Roy, âgé de 50 ans, quitte d'un pas rapide l'unité de soins palliatifs de l'Hôpital de l'Enfant-Jésus à Québec et monte dans sa voiture. À la radio, un animateur annonce une merveilleuse journée ensoleillée. Le médecin devrait être joyeux, mais il sait qu'aujourd'hui encore la tristesse sera par moments au rendez-vous. Pour la deuxième fois cette semaine, il devra parcourir 50 kilomètres pour se rendre à l'autre bout du territoire du CLSC afin de commencer sa tournée : il s'occupe d'une trentaine de patients en soins palliatifs qui espèrent, pour la plupart, mourir à domicile.

— Espérer mourir, comment ces mots peuvent-ils se suivre dans une seule et même phrase ? se répète-t-il.

Sur l'autoroute, en pensée, il revoit l'un après l'autre les visages de ces hommes et de ces femmes qui l'attendent du matin au soir avec l'espoir d'être soulagés.

Le tiers de son temps, le Dr Louis Roy le consacre à ces visites à domicile. Le reste de sa pratique médicale se déroule aux soins palliatifs de l'hôpital. Le groupe de neuf médecins de famille dont il fait partie prodigue chaque semaine plus de cent heures de traitements à domicile ou à l'hôpital. Dans les maisons des patients, l'équipe reçoit l'aide de deux infirmières, de deux travailleuses sociales, d'une physiothérapeute, d'une ergothérapeute et d'un accompagnateur spirituel.

151

— Tous ces malades ont de sombres pronostics. Ils ont en général six mois d'espérance de vie.

La plupart des médecins veulent sauver les gens. Lui aussi, mais d'une manière différente. Après avoir été médecin de famille, et avoir tenté par tous les moyens de guérir ses nombreux patients, il a choisi la voie des soins de fin de vie, il y a une quinzaine d'années. C'est une évolution personnelle, dans le droit fil des services qu'il offrait auparavant.

— Apaiser la douleur, cela fait le plus grand bien !

Il avait 13 ans, en 1975, quand il a assisté pour la première fois, impuissant, à la mort d'un être humain, celle de sa tante. Tout le monde savait qu'elle allait mourir, mais personne ne voulait lui annoncer la mauvaise nouvelle. Avec le recul, c'est une des raisons qui l'ont conduit à choisir les soins palliatifs.

— Je tente de changer les choses, car l'ancienne mentalité consistant à vouloir cacher la vérité à tout prix existe encore aujourd'hui. Des familles me supplient de ne pas dire à leurs parents qu'ils vont mourir, prétextant qu'ils le prendront très mal. Elles ne le disent pas, mais elles veulent plutôt camoufler leurs malaises et leurs souffrances.

Auparavant, de nombreux médecins craignaient d'annoncer la mort à leurs patients, car c'était un signe d'échec. Les facultés de médecine ont tenté de remédier à la situation en offrant des cours sur la façon d'annoncer les mauvaises nouvelles.

— Habituellement, ça se passe plutôt bien. On demande au patient : « Comment vous sentez-vous ? Qu'est-ce que vous croyez avoir comme problème ? » Il répond très souvent : « Je crois que vous allez me dire que j'ai le cancer. J'ai peur, mais j'aime mieux le savoir si c'est le cas ! »

Chaque fois, le Dr Roy éprouve du chagrin, car c'est un être humain avant d'être un médecin. Ensuite, après une bonne discussion, il se fait un devoir d'accompagner ses patients le plus longtemps possible pour qu'ils finissent leur vie à la maison.

Une de ses premières visites à domicile lui a donné le goût de continuer dans cette voie. Il devait rencontrer un jeune homme de 34 ans atteint d'un cancer très rare en phase terminale. Le malade n'acceptait pas la mort et refusait de parler à un médecin. Seule une infirmière du CLSC allait changer ses pansements. Un jour, elle lui a suggéré d'accueillir le Dr Roy. Ce fut l'histoire du petit prince et du renard.

Tu n'es encore pour moi qu'un petit garçon tout semblable à cent mille petits garçons. Et je n'ai pas besoin de toi. Et tu n'as pas besoin de moi non plus. Je ne suis pour toi qu'un renard semblable à cent mille renards. Mais si tu m'apprivoises, nous aurons besoin l'un de l'autre. Tu seras pour moi unique au monde. Je serai pour toi unique au monde[54]...

— Nous avions, je crois, besoin l'un de l'autre. Je l'ai accompagné jusqu'à son dernier souffle. Depuis ce temps, je croise sa mère une à deux fois par année et elle ne cesse de me remercier. Nous devenons responsables pour toujours de ce que nous apprivoisons.

La responsabilité du Dr Roy est désormais de rendre les soins palliatifs plus accessibles et d'apprivoiser ceux qui n'y croient pas beaucoup. Au Québec, en 2011-2012, plus de 20 000 personnes ont reçu des soins palliatifs à domicile[55]. Les besoins croissent sans cesse, notamment parce que la clientèle s'élargit. Les personnes atteintes de cancer ne sont plus les seules à profiter de ces traitements médicaux. Depuis peu, ils sont également destinés à des personnes aux prises avec différentes maladies incurables très variées.

Le vieillissement de la population exerce également une pression considérable sur la demande. En 2015, le ministère

---

54. Antoine de Saint-Exupéry, *Le Petit Prince*, collection « Folio Junior », Gallimard, Paris, 1979, 120 pages.

55. Source : ministère de la Santé et des Services sociaux du Québec.

de la Santé prévoit 70 000 décès au Québec. Il y en aura plus de 100 000 en 2050. Cette hausse concernera principalement des personnes âgées voulant en grande majorité finir leurs jours à la maison. À moins de prendre les moyens nécessaires, cela ne sera pas possible pour tous, affirment des spécialistes consultés par le gouvernement.

> *Dans son ensemble, la société québécoise n'est pas prête à assumer ce nombre important de décès sur une aussi courte période de temps, avec toutes les conséquences psychologiques et sociales inhérentes au phénomène. Par conséquent, de l'avis des experts, la mise en place de services adéquats constitue un défi majeur et urgent*[56].

À l'heure actuelle, au Québec, seulement « 9,7 % des personnes atteintes d'un cancer et pouvant bénéficier de soins palliatifs [décèdent] à domicile[57] ». Durant leurs derniers jours, leurs parents et leurs amis s'épuisent, et les infirmières des CLSC ne sont pas en nombre suffisant pour leur offrir huit, dix voire douze heures de soins par jour à la maison.

Quand le découragement des familles survient, le Dr Roy doit faire transporter ses patients en milieu hospitalier. Chaque année, à l'unité des soins palliatifs de l'Hôpital de l'Enfant-Jésus, 260 patients occupent à tour de rôle un des 8 lits disponibles, alors qu'il en faudrait davantage pour répondre aux 400 demandes souvent pressantes.

— Ce n'est pas beaucoup, mais, il y a quatre ans, il n'y avait aucun lit ! affirme-t-il. Dernièrement, on a réussi à en obtenir huit autres dans un centre d'hébergement pour personnes âgées. Malgré cela, plusieurs patients se retrouvent dans les urgences, faute de places.

---

56. *Politique en soins palliatifs de fin de vie*, Direction des communications du ministère de la Santé et des Services sociaux du Québec, Gouvernement du Québec, 2010, p. 11.

57. Fondation Jacques-Bouchard, www.lfjb.org/notre-mission/statistiques-sur-les-soins-palliatifs/

La loi n'oblige pas les hôpitaux à mettre en place des services de soins palliatifs. Cela provoque quelquefois des abandons. Le Dr Roy raconte avoir participé en 1997 à un projet de création d'une telle unité à l'Hôtel-Dieu de Québec. Après un peu plus d'un an de travail, le dossier est tombé à l'eau.

— L'accueil n'était pas chaleureux. Certains médecins se demandaient pourquoi on s'occupait des morts !

Des membres de la direction ont par la suite reconnu cette bévue et ont œuvré à la mise sur pied d'un service de soins palliatifs en l'an 2000. Plus d'une vingtaine d'hôpitaux de la province ont, eux aussi, jugé important de réserver des places, environ 200 lits, aux malades en phase terminale[58].

— Effectivement, c'est bien peu, renchérit un collègue du Dr Roy, Patrick Vinay, chef des soins palliatifs du CHUM à Montréal. Dans nos trois hôpitaux, soit l'Hôtel-Dieu, Saint-Luc et Notre-Dame, seulement 13 de nos 1 000 lits sont destinés aux soins palliatifs. Nous sommes très limités. L'espérance de vie du patient doit être estimée à moins d'un mois pour autoriser son admission. En réalité, la plupart meurent après dix jours.

Environ 2 000 patients décèdent chaque année au CHUM, dont seulement 400 terminent leur vie aux soins palliatifs, en obtenant à tour de rôle une place accordée en fonction de l'urgence de la situation ou de la pression de la demande. Les autres mènent leur dernier combat aux soins intensifs, dans une chambre semi-privée, dans différentes unités de soins spécialisés ou, pire encore, sur une civière dans un corridor des urgences. Selon le Dr Vinay, tout est malheureusement une question de chiffres et de calculs, comme si les mourants n'étaient que des statistiques dans le réseau de la santé.

---

58. *Politique en soins palliatifs de fin de vie*, Direction des communications du ministère de la Santé et des Services sociaux du Québec, Gouvernement du Québec, 2010, page 27.

— Je n'accepte pas qu'il y ait deux types de citoyens ! Les premiers ont une fin de vie plus paisible, car ils reçoivent des soins palliatifs de qualité. Les seconds sont littéralement abandonnés à leur sort !

La capacité de répondre adéquatement aux besoins varie beaucoup d'une région à l'autre, faute de développement uniforme des soins palliatifs. Les budgets de la santé sont gérés localement, et il est difficile de savoir combien d'argent est investi dans les programmes de fin de vie. Le ministère de la Santé promet de faire mieux. Le nombre total de lits en soins palliatifs est passé de 557 en 2008-2011 à 700 en 2011-2012. D'ici 2015, l'objectif visé par le gouvernement est de près de 1 000 lits, soit 1 lit pour 80 000 citoyens. Après, il pourrait y en avoir 1 pour 50 000 personnes.

Le comité d'experts de la Commission spéciale de l'Assemblée nationale sur la question de mourir dans la dignité s'inquiète :

> *En établissement de santé, les soins palliatifs ne sont pas suffisamment développés, que ce soit en hôpital ou en centre d'hébergement et de soins de longue durée. Il y a très peu de maisons de soins palliatifs* [...] [59].

Ces maisons, encore peu connues, sont devenues une solution de remplacement aux hôpitaux. La première, Michel-Sarrazin, a vu le jour à Québec en 1985 à l'initiative d'un jeune chirurgien oncologue, le Dr Louis Dionne. Depuis, 29 autres résidences ont été progressivement créées un peu partout sur le territoire québécois par des citoyens engagés. Ce sont en réalité des organismes privés à but non

---

59. *Rapport du comité de juristes experts sur la mise en œuvre des recommandations de la commission spéciale de l'Assemblée nationale sur la question de mourir dans la dignité, Résumé*, p. 8, www.msss.gouv.qc.ca/documentation/salle-de-presse/medias/resume_du_rapport.pdf.

lucratif gérés par des conseils d'administration indépendants, assistés de nombreux bénévoles. Ces maisons, où travaillent des médecins payés par le gouvernement, disposent au total de 230 lits. Elles doivent avoir une accréditation accordée par le ministère de la Santé et reçoivent une subvention publique de 60 000 dollars par lit de la part de leur Agence de la santé régionale. Cela signifie qu'elles doivent amasser annuellement près de la moitié de leur budget de fonctionnement lors de campagnes de collecte de fonds, environ 800 000 dollars à plus de 1 million de dollars, afin de continuer à offrir des services gratuits aux malades et à leur famille.

— Pourquoi ces maisons peuvent-elles fonctionner uniquement si le secteur privé y met de l'argent? se demande le Dr Vinay. Que fait-on si on est dans un milieu communautaire plus pauvre avec peu de donateurs? Cela devrait être l'entière responsabilité du gouvernement du Québec! Il a l'argent et les ressources nécessaires. Il faut faire les bons choix et investir principalement dans des soins palliatifs à domicile qui ne coûtent pas une fortune. Des patients qui ont travaillé toute leur vie et ont payé des impôts devraient au moins obtenir cette reconnaissance!

Et pourtant, les politiciens trouvent la formule actuelle honorable. L'ex-ministre de la Santé et des Services sociaux Yves Bolduc déclarait lors de son dernier mandat: « On veut des milieux de fin de vie. Pour cela, il faut que les communautés se prennent en main[60]. » Même s'il souhaite la création de quatre fois plus de maisons de soins palliatifs, il estime que les citoyens doivent assumer directement une grande partie des coûts en faisant des dons!

Patrick Vinay est convaincu, lui aussi, qu'il est important de construire des maisons de soins palliatifs disposant de quelques lits, à proximité des centres hospitaliers, pour bien

---

60. Louise-Maude Soucy, « Soins palliatifs: aux communautés de se prendre en main, dit Yves Bolduc », *Le Devoir*, 8 septembre 2010.

s'occuper des patients qui ne peuvent plus rester à domicile. Mais, contrairement aux politiciens, il voudrait qu'elles soient largement financées par l'État pour permettre à un plus grand nombre de personnes de mourir dans la paix et la dignité.

— Le Québec a une très belle politique pour les soins de fin de vie, proclame-t-il, mais elle n'est pas suffisamment appliquée. Si le gouvernement a choisi de ne pas investir beaucoup d'argent là-dedans, est-ce tout simplement parce que cela ne rapporte pas grand-chose étant donné que les morts ne votent pas?

Si je ne reviens pas physiquement, n'oublie pas que chaque fois que tu sentiras la brise sur ton visage, ce sera moi qui serai revenu t'embrasser. »

DAVID SERVAN-SCHREIBER

— Je voulais guérir !

André Sénécal est très affaibli par le cancer et se retient pour ne pas pleurer devant moi.

— Je voulais tant guérir, répète-t-il, impuissant.

L'homme de 78 ans se demande encore, de temps en temps, si les médecins ne se sont pas trompés sur son sort. Après tout, il a moins de douleurs depuis qu'il prend de nouveaux médicaments et souhaiterait même aller dehors pour respirer l'air pur en ce début de printemps où tout renaît. Pour dissiper ses doutes, un médecin lui a montré les radiographies des cellules tumorales dans son abdomen. La réalité le rattrape.

— Il n'y a plus rien à faire, m'avoue-t-il, les yeux inondés de larmes. C'est difficile d'y croire !

Son environnement, plein de vie, lui procure un dernier regain d'énergie. Il n'a pas l'impression de se trouver dans un mouroir. On pourrait facilement croire qu'il est dans un petit hôtel : l'ambiance est feutrée, le décor moderne. À quelques pas de sa chambre, sa famille dispose d'un vaste salon où des jetés de tricot sont disposés sur les sofas et les fauteuils en cuir, sous un éclairage tamisé. Au centre, une table de bois ornée de décorations, et sur les murs, des toiles choisies avec goût et des couleurs douces propices à la détente. De larges corridors au revêtement luisant conduisent aux chambres privées, très lumineuses.

André Sénécal passe ses derniers jours dans une nouvelle maison de soins palliatifs établie à Saint-Jean-sur-Richelieu. C'est la première du genre au Québec : elle repose sur un partenariat entre un promoteur privé, offrant l'héberge-ment et tous les services d'entretien, de literie et d'alimen-tation, et le Centre de santé et de services sociaux du Haut-Richelieu-Rouville, pour sa part responsable des médecins, des infirmières et de tous les autres professionnels de la santé nécessaires.

L'établissement est situé au deuxième étage d'une luxueuse résidence pour personnes âgées. Son budget de fonctionnement, qui dépasse 1,3 million de dollars par an, est financé par l'Agence de la santé, le CSSS et une fondation. La direction de l'Hôpital du Haut-Richelieu-Rouville a décidé de ne plus offrir de soins palliatifs dans ses murs, jugeant les lieux moins accueillants. Les huit lits réservés aux soins de fin de vie qui s'y trouvaient ont été déménagés dans le nouvel établissement, avec leur budget de fonctionnement, et sept autres places s'y sont ajoutées. Les patients doivent payer un montant symbolique de 15 dollars par jour pour y demeurer.

M. Sénécal n'avait jamais entendu parler d'un tel endroit auparavant. Mariette a tout organisé. Mariette, c'est l'amour de sa vie.

En arrivant, elle s'étonne de me voir avec mon camé-raman au chevet de son amoureux.

— Je voulais te faire une surprise ! lui dit-il.

— Je ne suis pas bien habillée, pas maquillée, pas coiffée ! s'inquiète-t-elle.

Il s'en amuse. Elle a beaucoup de charme et n'a pas besoin de faire preuve d'élégance pour être la plus belle à ses yeux. Elle le sait. Ils n'ont plus de secrets l'un pour l'autre, même s'ils ne forment pas un vieux couple. Elle a 72 ans, six de moins que lui. Ce n'est pas beaucoup, six ans, mais ce fut à l'époque suffisant pour les séparer durant plus d'un demi-siècle.

— Nous nous sommes rencontrés il y a très longtemps, dans un village de la Montérégie. J'avais 15 ans et je terminais mes études quand il a eu le béguin pour moi, se fait un plaisir de me raconter Mariette Roy.

En se rendant quotidiennement au travail, dans le rang voisin, André faisait un détour pour passer avec sa petite voiture bleue devant la résidence des parents de sa dulcinée. Mariette tentait de se maîtriser, mais c'était plus fort qu'elle. Quand il ralentissait devant sa fenêtre et klaxonnait, elle ne pouvait s'empêcher de le regarder de loin. Il la saluait et lui envoyait des baisers.

Jour après jour, il lui faisait cette étrange cour à distance, la seule envisageable, car la mère de Mariette ne voulait absolument pas que sa fille entretienne des relations avec des hommes, surtout plus âgés. L'adolescente, émoustillée, n'avait pas dit son dernier mot et, répliquant à l'autorité parentale, elle décida de s'affirmer. Un jour, elle fit signe à son prétendant d'arrêter le moteur de son automobile pour lui parler.

— André, est-ce que tu accepterais de m'accompagner au mariage de mon cousin?

Le jeune homme, fou de joie, sauta sur l'occasion et se rendit endimanché au mariage, sous la haute surveillance de la mère de Mariette. Il profita de la fête pour tenter d'embrasser l'adolescente en cachette et lui avoua son amour.

— On pourrait sortir ensemble!

— Je m'excuse de te décevoir, mais ma mère ne veut pas que j'aie un chum avant l'âge de 18 ans!

André n'accepta pas cette défaite. Il redoubla d'ardeur, s'arrêtant à intervalles plus fréquents devant la demeure de la femme tant convoitée. Le manège cessa brutalement quand la mère de Mariette sortit sur le perron pour l'avertir de ne plus jamais recommencer. Il n'était pas question que sa fille cède à ses avances. Les tourtereaux n'étaient pas faits l'un pour l'autre. Ils eurent tous les deux le cœur brisé. André sembla s'en remettre plus rapidement, car, quelques semaines plus tard, il rencontra sa future épouse, une ravissante jeune femme de 18 ans. Mariette devrait à tout jamais oublier le temps où elle écoutait ses sérénades.

Sa peine d'amour s'estompa avec le temps. Elle avait vieilli et était en âge de prendre mari sans que ses parents s'y opposent. À 20 ans, pressée de faire sa vie et ne voulant pas rester vieille fille, elle se jeta dans les bras d'un séduisant collègue de travail à la banque où elle avait obtenu un poste de caissière. Elle eut trois enfants. Puis, son mariage vola en éclats quand son époux l'abandonna. À 31 ans, elle resta seule pour élever ses garçons et sa fille, trimant dur pour les nourrir et leur fournir une bonne éducation, car elle ne reçut jamais de pension alimentaire. Afin d'avoir des horaires de travail plus souples et d'être à la maison à leur retour de l'école, elle changea de métier et devint serveuse dans un restaurant. Il lui arrivait alors de croiser André. Il ne l'avait pas oubliée et lui chantait la pomme.

— Je ne voulais rien savoir de lui ! Je le fuyais ! Il avait une femme et des enfants !

Échaudée par sa séparation, Mariette n'avait pas l'intention de servir de béquille aux hommes. Elle partageait à l'occasion des repas avec des amis charmants et entreprenants, mais absolument rien ne l'incitait à se remettre en ménage. Son célibat se prolongea jusqu'à l'âge de 70 ans, quand tout se mit à changer sans avertissement.

— J'ai appris le décès de l'épouse d'André par l'entremise d'un de ses fils, qui habitait à côté de chez moi. Par politesse, je suis allée au salon funéraire. Quand il m'a vue, le nouveau veuf est venu me parler et me remercier pour mon témoignage de sympathie.

Un mois plus tard, le téléphone de Mariette sonnait. À l'autre bout du fil, un homme en pleurs, méconnaissable, s'exprimait avec difficulté.

— C'est André. Je suis découragé. Je ne veux plus vivre seul. Viendrais-tu souper avec moi ?

— T'es pas malade, non ? Ça fait seulement un mois que ta femme est morte et tu m'appelles ! Que vont penser tes enfants ? Je ne vais pas manger avec toi ! Si tu as de la peine, je vais t'écouter au téléphone, mais nous n'irons pas plus loin !

Mariette raccrocha et s'inquiéta. Un de ses vieux oncles s'était suicidé à la suite du décès de son épouse, après 51 ans de vie commune. Comment réagirait-elle si André décidait, lui aussi, de mettre fin à ses jours après avoir demandé son aide ?

— J'avais peur. Je l'ai rappelé et j'ai finalement accepté son invitation.

Son affreux pressentiment ne l'avait pas trompée.

— Si tu n'étais pas venue souper avec moi, j'aurais avalé un contenant de médicaments, lui avoua André.

Aurait-il vraiment posé le geste ou était-ce une façon de la revoir à tout prix ? Cela n'avait plus d'importance. Durant cette rencontre, elle lui remonta le moral en discutant de tout et de rien. Le lendemain soir, il l'invita de nouveau.

— Viens-tu souper avec moi ?

Se sentant prise au piège, Mariette fut cinglante.

— Je n'ai pas signé de contrat pour partager tes repas ! T'es plus malade que je le croyais ! Si tu veux, tu viendras prendre un café chez moi. Ce sera tout !

Il n'insista pas. De toute façon, il n'avait pas le goût de manger. Il aurait pu vivre d'amour et d'eau fraîche. Le soir venu, il sirotait un café en sa compagnie, puis le lendemain, et encore une fois le surlendemain. Il la courtisait à l'ancienne, assis près d'elle sur le sofa du salon, se retenant de mettre ses mains sur les siennes.

Trois mois après leurs retrouvailles, Mariette s'apprêtait à célébrer son 70e anniversaire lorsque ses enfants, amusés par sa nouvelle fréquentation, l'ont invitée au restaurant en lui demandant si la présence d'André lui ferait plaisir.

— Pourquoi pas ?

Le repas de fête tirait à sa fin quand son cavalier s'est levé pour lui offrir un présent, sous les regards complices des convives.

— Mariette, as-tu déjà eu un homme en cadeau ? a-t-il demandé.

— Non !!!

— Je suis ton cadeau. Je m'en vais rester avec toi ! a-t-il confirmé devant tous les témoins.

— Voyons donc ! T'es fou ?

— Non. Je suis sûr de mon affaire ! J'ai toujours voulu partager ta vie. C'est ce que je vais faire !

Mariette a finalement dit oui.

L'amant passionné ne voulait plus perdre une seule minute. Le lendemain de sa grande demande, il déménageait chez sa compagne ses vêtements, ses fusils de chasse, ses outils de menuisier. Le temps était suspendu. L'âge, les rides, les cheveux blancs n'avaient plus aucune importance. Portés par le désir et une cure de jouvence, ils retrouvaient l'amour qui leur avait été défendu cinquante-cinq ans plus tôt.

Leur complicité était si naturelle qu'on aurait pu les croire ensemble depuis des décennies. La lune de miel dura deux ans. Malheureusement, la maladie sonna la fin de leur aventure.

André avait pris la mauvaise habitude de se lever durant son sommeil pour se rendre à la salle de bain en prétextant avoir un rhume. Peu convaincue par ses explications, Mariette voulut en avoir le cœur net. Elle le surprit en train de s'essuyer la bouche. Le lavabo était plein de sang.

— Ce n'est pas un rhume que tu as ! le sermonna-t-elle. Il aurait fallu que tu me le dises !

— Je ne voulais pas t'inquiéter !

— C'est grave. Il faut aller consulter !

Son médecin de famille le reçut en priorité et lui fit passer une radiographie. Il lui montra les résultats sur un écran en pesant chacun de ses mots.

— Monsieur Sénécal, vous avez des taches sur les poumons. Je pense bien que vous avez un cancer. J'ai peu à vous offrir.

André n'a pas réagi sur le coup, refusant d'y croire. Mariette n'a pas insisté et a beaucoup pleuré. Après, tout est allé très vite. Il s'est mis à avoir des nausées et ne pouvait plus manger. Pendant qu'il séjournait à l'hôpital pour y subir une batterie de tests, un oncologue a convoqué Mariette à son bureau.

— Est-ce que vous tenez beaucoup à votre mari?

— Oui. Pourquoi?

— Il n'en a plus pour longtemps à vivre, un mois, peut-être deux. Je vais aller avec vous dans sa chambre pour lui annoncer la mauvaise nouvelle.

Comme André espérait faire mentir les médecins et repousser la fatalité, il n'a pas hésité un seul instant quand on lui a proposé des traitements de chimiothérapie et de radiothérapie. Mais son optimisme a vite fait place au désenchantement. Aucune amélioration ne se produisait. Sa souffrance augmentait.

— Je devais être forte parce qu'il pleurait comme un bébé à l'idée de me laisser pour toujours, n'oubliera jamais Mariette. Je lui disais que nous n'y pouvions rien. Il fallait se résigner.

Une travailleuse sociale suggéra de le transférer immédiatement à la nouvelle maison de soins palliatifs de Saint-Jean-sur-Richelieu. André quitta sans regret sa vieille chambre d'hôpital exiguë, qui lui donnait le cafard, pour se retrouver dans une grande pièce, meublée d'un divan-lit pour les invités et d'un réfrigérateur, avec une salle de bain privée. Au-delà de ces considérations matérielles, il était rassuré de pouvoir bénéficier en tout temps des soins attentionnés d'un médecin et d'une infirmière, car il craignait de mourir étouffé dans d'atroces souffrances. En arrivant, il s'empressa de demander la communion à un prêtre pour mieux se préparer à l'inéluctable.

— Je laisse la femme que j'aurais voulu aimer toute ma vie, se confessa-t-il. Je pars à contrecœur !

Mariette passait presque toutes ses journées à ses côtés. Les gestes les plus anodins devenaient d'une grande importance parce qu'ils étaient le prétexte à de nombreux contacts. Elle le faisait manger, le dorlotait, le regardait continuellement pour se rapprocher de lui et le toucher, car bientôt, elle le savait, il s'endormirait pour ne plus jamais ressentir la douceur de ses mains sur sa peau.

— On a beaucoup parlé de la mort ensemble, de nos projets de voyages inachevés, de notre mariage manqué. Nous avons beaucoup pleuré.

Le médecin lui prescrivait désormais des doses de morphine de plus en plus fortes pour le soulager de ses douleurs croissantes. Les heures étaient comptées. Mariette n'avait jamais jugé nécessaire de rester coucher à ses côtés, car elle le savait en sécurité, mais un soir, pour profiter des derniers moments, elle décida de le faire.

— Tu devrais plutôt aller te reposer, lui conseillèrent les fils d'André. Nous allons rester pour la nuit et tu reviendras demain matin.

Il était minuit. Elle partit à regret après l'avoir embrassé.

— Il était encore conscient. Il m'a dit : « Bonne nuit. Je t'aime. »

Vers 6 h 45, la sonnerie du téléphone résonne chez Mariette. Elle se réveille en sursaut. Un des fils d'André, accablé, se charge de lui annoncer sa mort.

— J'étais près de lui quand il est parti dans un long soupir, lui précise-t-il.

Mariette reste convaincue qu'André a choisi de partir durant son absence pour lui faire moins de peine. Elle est revenue le voir. Son corps était étendu dans le lit, mais l'être doux et chaleureux qu'il avait été n'était plus.

Avant de quitter les lieux, elle a serré dans ses bras les infirmières et le médecin qui avaient pris soin de l'homme le plus important de sa vie.

— Je n'aurais pu souhaiter de meilleurs soins dans un endroit si calme.

Mariette Roy venait de clore les deux plus belles années de sa vie, preuve que l'amour peut arriver à tout âge.

— Le plus difficile, c'est de partir après l'autre. On a beau se changer les idées, il y a un vide impossible à combler en vieillissant. Mais j'ai la consolation de l'avoir retrouvé, de l'avoir aimé jusqu'à la fin. Cela, personne ne pourra plus jamais me l'enlever.

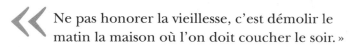

« Ne pas honorer la vieillesse, c'est démolir le matin la maison où l'on doit coucher le soir. »

ALPHONSE KARR, *Une poignée de vérités*

Malgré sa peine immense, Mariette Roy a eu le temps d'apprivoiser la mort et de dire adieu à son amoureux. Un médecin l'a aidée à comprendre toutes les étapes qui conduiraient inévitablement au décès d'André. Malheureusement, d'autres n'ont pas le temps de se préparer à la mort. Ils savent que la santé de la personne âgée qu'ils aiment ira en déclinant lentement. Ils croient qu'elle est en sécurité dans un centre d'hébergement où des soins de qualité doivent lui être offerts. Et puis un jour, comme la foudre qui frappe, on leur apprend que la fin est arrivée plus rapidement que prévu à cause d'un événement qui n'aurait jamais dû se produire.

Depuis le début de ma carrière de journaliste, il y a plus de trente ans, de nombreuses familles m'ont contacté pour dénoncer des situations incroyables. Leur mère ou leur père se sont jetés d'un étage d'un CHSLD et ont été retrouvés morts. D'autres ont chuté dans leur chambre, à cause d'un manque de surveillance et de sécurité, et sont décédés des complications liées à une fracture. Je croyais au début qu'il s'agissait de cas isolés, d'accidents extrêmement malheureux qui cesseraient grâce au respect que les responsables de notre système de santé se sont engagés à témoigner aux plus vieux. Je me suis trompé. Quand on est jeune, on croit que le monde va changer. On se satisfait des promesses. En vieillissant, on découvre que seuls les actes concrets ont de l'importance.

Pourquoi, dans notre société civilisée, néglige-t-on autant la valeur de la vie de nombreuses personnes âgées? Si vous détenez la réponse, vous pourrez aussi fournir des explications aux personnes endeuillées que j'ai rencontrées.

C'est un dimanche matin pluvieux et nostalgique d'automne. Les fils d'un homme décédé à l'âge de 84 ans m'ont donné rendez-vous pour me révéler les circonstances inacceptables de sa mort. L'air triste, dans leurs habits sombres, les deux hommes auraient préféré garder l'anonymat, mais c'est pour eux la seule façon d'éviter qu'une telle tragédie se répète.

En décembre 2010, ils ont dû se résigner à placer leur père, Constantin Bulette, dans une résidence pour personnes âgées de Montréal. Sa maladie d'Alzheimer s'aggravait considérablement et, comme c'est souvent le cas, leur mère n'avait malheureusement plus la force de le garder à la maison, après plusieurs années de dévouement quotidien.

Un soir de mars, trois mois après son admission au CHSLD Angelica de Montréal-Nord, une préposée aux bénéficiaires décide de lui donner son bain en utilisant un lève-personne. C'est la première fois qu'elle exécute cette manœuvre avec lui. Tout se déroule bien jusqu'à ce qu'elle tente de le sortir de la baignoire. L'homme est assis sur un siège élévateur. Une ceinture le retient. Il est à environ 2 mètres dans les airs lorsqu'il se penche vers l'avant. La boucle de la ceinture cède sous son poids de 90 kilos. Il tombe la tête la première. La préposée n'a pas le temps d'amortir son plongeon. Elle s'empresse de soulever son visage pour empêcher qu'il se noie dans l'eau du bain qui se vide lentement. Elle crie. Une infirmière auxiliaire et une ergothérapeute accourent, tandis que l'assistante infirmière-chef et son supérieur, qui gèrent les situations d'urgence, arrivent peu après en renfort.

M. Bulette est conscient. Il subit un examen physique sommaire avant d'être tiré de sa fâcheuse position à l'aide d'une toile et d'un levier, puis on le transporte dans sa chambre où ses signes vitaux et neurologiques sont pris plusieurs fois par jour. Par moments, il se tient la tête pour atténuer une douleur lancinante et reçoit des analgésiques pour ses céphalées. Les infirmières lui prodiguent aussi des soins pour une lacération au nez. Son épouse et ses fils affirment ne pas avoir été immédiatement informés de ce qui s'est réellement passé.

— Le soir du drame, se souvient Georges, un de ses fils, nous avons reçu l'appel téléphonique d'une infirmière du CHSLD, nous informant que mon père s'était coupé au nez. Elle disait que ce n'était pas grave et nous contactait uniquement pour remplir les exigences protocolaires.

Deux jours après ce coup de fil, à première vue anodin, l'état de santé de Constantin Bulette se détériore. Un infirmier constate une raideur dans son cou et en réfère à un médecin qui demande le transfert en ambulance du patient à l'hôpital Jean-Talon où des examens révèlent une fracture à la colonne cervicale.

Ses fils veulent comprendre ce qui s'est passé et demandent alors une rencontre avec la direction du CHSLD. Elle a lieu deux semaines après l'accident. Ils apprennent finalement la gravité de l'événement et sont renversés par ces révélations tardives.

— Si on avait été mis au courant plus rapidement, nous aurions pu intervenir et exiger le transport de mon père à l'hôpital dans les plus brefs délais, me dit Nazzareno, son autre fils.

Il est trop tard. Les complications, qui seraient liées à sa fracture, entraînent une détresse respiratoire. M. Bulette est intubé et meurt au centre hospitalier, un mois et demi après sa chute.

La famille réclame une enquête du commissaire local aux plaintes et à la qualité du service. Les conclusions et recommandations rendues en juin 2011 sont sans appel. « La consigne pour donner un bain avec une chaise stipule que deux préposés aux bénéficiaires doivent être présents[61]. » Les préposées en poste le soir de la tragédie connaissaient cette consigne, mais elles ont admis ne pas la respecter à l'occasion, quand les résidants sont calmes. « Elles expliquent cette dérogation dans leur pratique par la lourdeur des tâches et des soins sur certaines unités[62]. »

Le commissaire écrit que la représentante légale de Constantin Bulette, c'est-à-dire son épouse, aurait dû recevoir immédiatement toute l'information disponible, comme l'exige la Loi sur les services de santé et les services sociaux.

L'assistante infirmière-chef mentionne qu'elle était mal à l'aise d'appeler l'épouse (représentante légale) pour l'informer de la chute et ainsi possiblement inquiéter cette dame. [...] Résultats: minimisation des faits et de la gravité de l'accident, aucune mention de la chute[63].

Le commissaire révèle de plus qu'une déclaration d'incident ou d'accident a été complétée par l'assistante infirmière-chef le soir même de l'événement. Cependant, aucune copie n'a été versée au dossier de Constantin Bulette, alors que la procédure l'exige.

— Une erreur peut se produire, mais il est injustifiable qu'ils ne soient pas intervenus plus rapidement et ne nous aient pas informés ! s'exclame Georges Bulette.

La direction de la résidence a préféré ne pas commenter publiquement l'affaire, mais elle aurait pris une série de mesures pour éviter la répétition d'un accident semblable. La préposée a été suspendue sans solde pour deux jours. Personne d'autre n'aurait reçu de sanction.

---

61. Conclusions et recommandations du commissaire local aux plaintes et à la qualité du service Jacques Bérubé, dossier 2011-00006, 16 juin 2011.
62. *Idem.*
63. *Idem.*

Après avoir intenté une poursuite judiciaire contre le centre d'hébergement pour négligence et dissimulation intentionnelle de la chute, les fils de M. Bulette ont réglé le litige à l'amiable. L'arrangement demeure confidentiel.

— Si c'était votre père ou votre mère, que feriez-vous? m'ont-ils demandé. N'auriez-vous pas la responsabilité de les défendre et de les protéger?

Ils ne sont malheureusement pas les seuls à avoir vécu un tel drame. Deux mois avant la divulgation de leur histoire, André Brien, le gendre d'une dame de 92 ans, exhortait lui aussi les responsables du réseau de la santé à apporter d'urgence des correctifs dans les CHSLD. Sa belle-mère a également chuté d'un lève-personne qu'une préposée manipulait seule alors qu'elles devaient être deux. Un trémolo dans la voix, cet ex-directeur de grande entreprise me raconte la tragédie.

Il ne se passe pas une journée sans que son épouse et lui rendent visite à Rose Marchildon au Centre d'hébergement de Saint-Eustache. Depuis huit ans, ils la font manger et l'écoutent raconter ses souvenirs les plus anciens, ceux que la maladie d'Alzheimer n'a pas emportés. Par chance, elle ne semble pas souffrir et est radieuse lorsqu'ils la conduisent dans la cour extérieure de l'établissement après son dîner, le 28 juillet 2011. Le soleil brille dans ses yeux égarés et dore sa peau ridée. C'est la dernière belle image qu'ils conservent d'elle.

Après leur départ du centre, cette journée-là, une préposée s'approche de Rose pour la transférer de son fauteuil roulant à son lit. Il est 18 heures et elle la prépare à se coucher pour la nuit. Elle réussit à la transporter seule sur le bord du lit quand elle doit déplacer une table de chevet encombrante. C'est à ce moment que la dame paraplégique, laissée sans surveillance, tombe lourdement sur le sol. Elle a un hématome au front et des douleurs intenses du côté gauche.

Une employée du centre appelle aussitôt André Brien pour l'avertir que sa belle-mère est tombée. Elle est blessée et sera transportée à l'Hôpital de Saint-Eustache. Il n'en sait pas plus pour le moment et se précipite aux urgences sans poser davantage de questions. Rose n'y est pas encore. Il apprendra par la suite qu'aucune ambulance n'était disponible à proximité. C'est pour cette raison que sa belle-mère arrive seulement deux heures plus tard à l'hôpital, conduite par des ambulanciers venus de Saint-Jérôme, à une quarantaine de kilomètres de Saint-Eustache, même s'il n'y a que 2 kilomètres entre le CHSLD où elle est tombée et le centre hospitalier.

— C'est atroce de traiter une personne âgée de cette façon! s'exclame André Brien. Durant l'attente interminable des ambulanciers, elle est restée étendue sur le plancher de sa chambre!

Un examen médical confirme une fracture au bras gauche. Rose est plus ou moins consciente. Après avoir été placée en observation durant moins de vingt-quatre heures, on la renvoie dans son centre d'hébergement, où elle meurt deux jours plus tard. Un pathologiste note que son embolie pulmonaire est possiblement «la conséquence de son traumatisme osseux récent», à la suite de sa chute[64]. Le coroner Michel Ferland a enquêté sur ce cas. Voici ce qu'il écrit dans son rapport:

> [...] *ce qui frappe est que la préposée était seule pour installer Mme Rose Marchildon au lit avec le lève-personne. Tout en actionnant l'appareil, elle doit s'assurer du confort de la patiente puis l'installer de façon sécuritaire au lit. N'est-ce pas un peu trop demander à une seule personne? [...] Pour une meilleure protection de la vie humaine, je recommande au Centre de santé*

64. Rapport d'investigation du coroner, avis A-312949, Me Michel Ferland, Boisbriand, 19 août 2012.

et de services sociaux du Lac-des-Deux-Montagnes qu'il s'assure que les établissements sous sa responsabilité adoptent comme seule pratique d'être deux préposés ou plus lors de l'utilisation d'un lève-personne pour installer un bénéficiaire au lit ou pour une autre activité[65].

— Je ne suis pas certain que les recommandations seront suivies à la lettre, déplore André Brien, parce que aucun directeur ne semble imputable dans le système de santé.

Il a déjà vécu une très mauvaise expérience quatre ans plus tôt dans le même CHSLD. Rose se promenait dans un corridor lorsqu'un patient violent l'a projetée sur le sol. Elle est alors devenue paraplégique.

— La direction ne nous a jamais rapporté l'événement. On a demandé des explications sans obtenir de réponse satisfaisante. Cela a assez duré. Ça devrait être tolérance zéro ! Le gouvernement a la responsabilité de sévir pour mieux protéger les personnes âgées !

---

65. *Idem.*

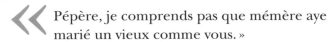 « Pépère, je comprends pas que mémère aye marié un vieux comme vous. »

YVON DESCHAMPS, *Pépère*

— Moi, j'ai été gentil avec ma femme toute ma vie juste pour qu'elle s'occupe de moi plus tard! J'ai dit: «Judi, je vais te donner la lune s'il le faut, mais envoie-moi pas dans un centre d'accueil dans quelques années! »

Assis devant moi, dans le restaurant Le Seingalt de la Place des Arts à Montréal, dont il est un des propriétaires avec son ami Claude Meunier, Yvon Deschamps rit de bon cœur.

— Ce n'est pas vrai. Je n'ai pas dit ça! C'est plutôt Judi qui ne cesse de me répéter: «Je vais prendre soin de toi! Tu n'iras nulle part! » Finalement, ça aide d'avoir une femme quinze ans plus jeune!

Il rigole de plus belle pour rendre la réalité plus facile à entendre, comme il l'a toujours fait dans ses monologues.

Il avait 33 ans lorsqu'il a rencontré Judi, une belle et charmante Torontoise de 18 ans. Ç'a été le grand amour et ça l'est toujours. Il souhaite être à ses côtés encore longtemps, très longtemps.

— Des jours, j'me dis: «Maudit que je suis vieux! » Le lendemain, je me mets à réfléchir en me répétant: «Une chance que je suis vieux sinon je serais mort! »

Après un autre éclat de rire, il devient subitement songeur en me parlant du vieillissement. C'est surprenant de constater à quel point il peut être sérieux, car je me suis habitué depuis longtemps à le voir avec son éternel air comique, quand il battait des records d'audience à la télévision ou sur scène dans les années 1970, en donnant l'impression de se moquer de la vie.

Pensez-vous à ça des fois, le temps ? [...] C'est très important le temps ! Y faut y penser, mais y faut y penser de temps en temps. Faut pas y penser tout l'temps non plus ! Parce que si tu penses tout l'temps au temps, tu perds ton temps[66] *!*

Des fois, c'est plus fort que lui. Il pense au temps, celui qui reste.

— La chose dont j'ai le plus peur, c'est : comment on va finir nos vies ? Plus on avance, plus ça fait réfléchir !

À 78 ans, il a encore beaucoup de projets à réaliser. Il veut poursuivre son tour du monde, retourner en Espagne pour admirer les majestueux chevaux d'Andalousie et les danseurs de flamenco, deux de ses passions. Et dire que, dans sa jeunesse, les gens de 40 ou 50 ans lui semblaient des vieillards sans avenir. Il saisit mieux la façon dont les enfants perçoivent innocemment les âges depuis qu'il s'est amusé avec ses petits-fils. Il était seul avec eux à la campagne lorsqu'ils ont voulu sauter sur le trampoline remisé dans la cour arrière.

— Je leur ai dit : « Pas de problème, je vais l'ouvrir même si ça prend deux personnes pour le faire. » J'ai réussi. Le plus vieux, de 8 ans, très impressionné, a dit : « Grand-papa, il est vieux mais il est fort ! » L'autre, de 6 ans, a ajouté : « Il est fort mais il est presque mort ! » La vérité sort de la bouche des enfants !

Yvon Deschamps s'esclaffe. Les clients des tables voisines ne peuvent s'empêcher de se retourner en entendant son rire contagieux. Il les salue avec courtoisie, avale une bouchée, puis baisse la voix pour me parler de son père, un homme

---

66. Yvon Deschamps, « Le temps » (1977), *Le Petit Livre bleu : extraits et citations 1968-2011*, La Matrice, Montréal, 2011.

qui perdait sans cesse des forces. Il l'a retrouvé presque mort, dans sa maison.

— Il avait 86 ans et a commencé à souffrir d'Alzheimer. Depuis la mort de ma mère, à la suite d'un infarctus, quelques années auparavant, il demeurait seul dans sa résidence de Saint-Henri. J'avais engagé trois infirmières pour prendre soin de lui. Elles devaient se relayer continuellement, mais un voisin m'a téléphoné très tard un soir pour m'aviser d'une situation inhabituelle. La porte d'entrée de sa maison était ouverte. Il n'y avait aucun éclairage à l'intérieur.

Yvon Deschamps est accouru. Son père était étendu sur le plancher du salon, incapable de se relever après avoir fait une chute. Aucune infirmière n'était présente. La dernière avait quitté son travail en fin d'après-midi sans attendre sa remplaçante, qui ne s'est jamais présentée.

— Par miracle, il n'était pas blessé physiquement. Mais ça n'allait plus au plan de la pensée. Il a été transporté à l'hôpital, après quoi j'ai dû prendre l'horrible décision de l'envoyer dans un centre d'hébergement.

Yvon Deschamps a choisi un CHSLD de Saint-Henri, où son père est resté pendant trois années. Par la fenêtre, il pouvait voir une partie du quartier où il avait grandi. Même si sa sœur et un de ses frères vivaient déjà dans ce centre d'hébergement, il devait tout de même se sentir isolé du monde, surtout au début, durant ses moments de lucidité.

— Me retrouver seul comme mon père, c'est une autre de mes peurs en vieillissant. Je regrette de l'avoir laissé à cet endroit. J'aurais dû l'amener chez moi. Il aurait probablement été plus heureux. Nous sommes responsables de nos parents !

Paradoxalement, il n'est pas question pour lui d'imposer ce poids à ses trois filles et à son épouse.

— Je ne veux pas qu'elles soient obligées de me garder plus tard. Si jamais je perds la tête, je devrai être placé !

De toute façon, si elles doivent en arriver à cette solution radicale, ce sera probablement après avoir constaté qu'il a suffisamment perdu la mémoire pour ne plus pouvoir se souvenir qu'il a de la peine. Yvon Deschamps aimerait se convaincre que son père était dans cet état où on en vient à s'oublier soi-même. À la fin, il ne le reconnaissait plus. Ce fut un moment pénible, impossible à oublier, surtout quand il l'a dévisagé une dernière fois en le questionnant.

— Es-tu mon père?

— Non.

— Es-tu mon frère?

— Non. Regarde-moi, papa, je suis ton fils! Je m'appelle Yvon!

— Je n'ai pas de fils!

Il est mort peu de temps après, en 1992. Son père était un homme instruit. Il avait été dessinateur industriel.

— Le plus épouvantable, quand j'allais le voir, c'était de constater la dépersonnalisation complète des résidants. Certains avaient été plombiers, menuisiers, comptables. Tout à coup, ils n'étaient plus rien, sinon des vieux. Sans identité, comment peux-tu être quelqu'un et avoir le goût de continuer?

Il suffit souvent de si peu pour être heureux et s'accrocher à la vie. Yvon Deschamps évoque le passage d'un homme marquant au *Tonight Show*, l'émission télévisée du célèbre humoriste américain Johnny Carson, dans les années 1970. L'invité avait 91 ans, un âge impressionnant à cette époque, avec une feuille de route remarquable. Il venait de prendre sa retraite tardivement de son cabinet d'avocats.

— Qu'allez-vous faire pour vous occuper? a demandé l'animateur.

— Je vais faire pousser des orchidées!

Tout le monde riait dans l'assistance.

— Pourquoi des orchidées?

— Parce que ça va prendre cinq à sept ans avant qu'elles produisent des fleurs après les semences, et je veux être là quand ça va se produire!

Il s'agit d'avoir au moins un but pour continuer. À l'époque, cette entrevue avait profondément touché Yvon Deschamps, assez pour en tirer une leçon et faire éclore à son tour d'ambitieux projets lors de sa première retraite.

Après avoir quitté la scène en 1984, il a connu un grand succès au festival Juste pour rire en 1993, puis a acheté le Manoir Rouville-Campbell en Montérégie, où il s'est à nouveau produit en spectacle, avant de revendre le domaine et de prendre complètement sa retraite en 2010.

— Quitter la scène artistique provoque un manque terrible! C'est comme une drogue! Ce n'est pas facile de se désintoxiquer après cinquante ans de carrière!

Il a failli revenir encore une fois, tellement les poussées d'adrénaline étaient fortes, et a songé à louer le Centre Bell pour ses 80 ans, afin d'y présenter son plus grand spectacle d'humour.

— Judi m'a dit: «As-tu pensé au stress que ça va te donner?» J'avais effectivement oublié ce bout-là. J'ai laissé tomber.

Yvon Deschamps a toujours vécu un stress épouvantable lorsqu'il devait présenter de nouveaux spectacles. C'était presque devenu une maladie.

— Se mettre à nu devant le monde, c'est terrible! La nervosité est pire en vieillissant! Il ne faut pas manquer son coup. Ça doit probablement ressembler à un athlète en fin de carrière. S'il se blesse, il a moins de chances de se rétablir et de revenir au jeu.

Avancer en âge lui impose désormais d'autres sortes d'angoisses. Il avait 72 ans quand il s'est aperçu que sa démarche était moins assurée. Il craignait de tomber.

— Je me suis dit: «Ça n'a pas de bon sens, je ne suis pas si vieux que ça!»

— C'est normal, lui a fait comprendre Judi. Tu n'as jamais fait d'exercice. Tu devrais commencer!

Il n'en avait pas senti le besoin auparavant, ayant toujours eu la taille fine de sa jeunesse. Il a adopté la technique

181

Nadeau pour faire bouger son corps avec souplesse, puis a suivi les conseils de sa femme, une ancienne danseuse de ballet, pour renforcer ses jambes. Les effets positifs ont été presque instantanés.

— J'ai déjà lu que même si on commence à s'entraîner tardivement, ça va être avantageux. La vie ne sera pas allongée, mais on court la chance de passer les dernières années plus en santé ! J'y crois, car je me sens mieux qu'à 70 ans !

Rester en forme va aussi lui permettre d'être plus longtemps auprès de ses quatre petits-enfants et de ses trois filles, dont il est très fier.

— La vie a été merveilleuse pour nous. Contrairement à plusieurs parents, Judi et moi, nous avions des emplois qui nous ont permis de voir grandir nos filles.

Son premier enfant a vu le jour l'année de ses 42 ans. Il dépassait la cinquantaine à la naissance de la petite dernière. Chaque fois, il a pris une année sabbatique pour écrire et rester à la maison, une façon de remplir pleinement son rôle de père et de ne pas manquer leurs premiers pas.

— Si j'avais été plus jeune, je n'aurais jamais pu me permettre ce luxe !

Il s'est par la suite arrangé pour passer de nombreuses journées en leur compagnie, surtout lors de sa série de spectacles à guichets fermés présentés durant seize semaines consécutives à la Place des Arts. Comme il se produisait en milieu de soirée, il avait tout le temps de leur donner le bain et de les border tendrement avant de partir au travail. Dès leur entrée à l'école, il a décidé de ne plus faire de tournées ni de spectacles durant plusieurs années pour travailler à l'émission *Samedi de rire*, présentée le samedi soir à la télévision de Radio-Canada de 1985 à 1989. Chaque jour, son horaire lui permettait de les accompagner et d'aller les chercher à l'école.

Un après-midi, il revenait à pied avec sa plus jeune, qui était particulièrement de mauvaise humeur, car elle était fatiguée de se faire agacer par ses amies.

— Elles me disent : « C'est ton grand-père qui vient te conduire et te chercher ! » Je leur dis : « C'est pas mon grand-père, c'est mon père ! » Elles ne comprennent rien !

— Fais-toi s'en pas avec ça. C'est vrai que j'ai l'âge d'un grand-père ! Ne réponds plus. Elles vont arrêter.

— Mais t'as pas l'air d'un grand-père, lui a-t-elle murmuré pour ne pas lui faire de peine.

Quelques jours après l'incident, elle braqua longuement ses yeux sur lui.

— C'est vrai, papa, que tu as l'air d'un grand-père !

Il avait alors 60 ans. Il en a bien ri. À cause de son âge, elle a ensuite toujours cherché à le protéger.

— J'ai un rhume et elle s'inquiète pour ma santé. Je lui dis que ce n'est pas grave !

L'humoriste a adopté la philosophie d'une centenaire dont il a fait la connaissance il y a plusieurs années dans un centre d'hébergement.

— Pour son anniversaire, elle avait souhaité me rencontrer avec Gilles Vigneault. Il lui avait demandé quel était son plus grand souhait. Même si elle était seule, parce que tous ses enfants étaient morts, elle voulait continuer à vivre le plus longtemps possible. C'est tout ce que je demande moi aussi !

Yvon Deschamps a trouvé la meilleure façon d'y parvenir. Il prend soin des autres. La vie lui a beaucoup donné. Il le rend en faisant le bien autour de lui. Avec son esprit d'entraide, il a pendant trois décennies participé avec Judi au développement du Chaînon, un centre d'hébergement pour femmes en difficulté. Il faisait de quinze à vingt heures de bénévolat par semaine, en plus de donner des spectacles chaque jour. Depuis 2008, il est devenu le porte-parole de la fondation du CHUM. Sa photo est sur tous les murs des étages pour inciter les visiteurs à faire un don à ce grand hôpital universitaire.

— Je le fais d'abord parce que j'ai été très bien traité à quelques reprises pour des pierres aux reins à l'Hôpital Saint-Luc.

Il a ainsi permis d'amasser des millions de dollars pour acheter de l'équipement médical et développer les soins aux patients, dont certains, de plus en plus âgés, pourront ainsi vivre le plus longtemps possible en se rappelant la célèbre phrase de leur bienfaiteur :

« Vaut mieux être riche et en santé que pauvre et malade[67] ! »

---

67. Yvon Deschamps, « L'argent » (1968-69), *Le Petit Livre bleu : extraits et citations 1968-2011*, La Matrice, Montréal, 2011.

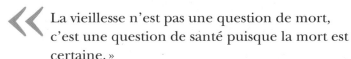 La vieillesse n'est pas une question de mort, c'est une question de santé puisque la mort est certaine. »

FRANÇOIS MITTERRAND

Des cyclistes pressés roulent à vive allure sur la piste aménagée rue Saint-Urbain, à Montréal. À l'intersection de l'avenue des Pins, leur traversée est parfois périlleuse : certains automobilistes circulant à leurs côtés ne leur cèdent pas un pouce d'asphalte. C'est l'heure de pointe matinale, au son des klaxons, des crissements de pneus et de la musique tonitruante émanant de quelques voitures qu'on croirait converties en discothèques mobiles. Des centaines de travailleurs et d'étudiants longent l'Hôtel-Dieu du CHUM, en ce début de journée chaude et humide, sans se soucier de ce qui se passe dans ces lieux plus que centenaires.

Une légère brise fait valser des lilas blancs plantés en bordure de l'établissement de santé. En traversant la rue à pied, je respire leur parfum apaisant qui s'estompe à l'entrée des urgences. Nous nous dirigeons, mon caméraman et moi, vers les portes vitrées. Elles s'ouvrent automatiquement, laissant aussitôt apparaître un gardien de sécurité costaud, fier de porter l'uniforme et figé dans le décor, derrière un petit bureau. Il ne sourit pas, probablement pour se donner l'air sérieux de ceux qui contrôlent les autres ou parce qu'il est blasé de voir défiler tant de visiteurs.

En apercevant notre caméra, il devine que nous sommes attendus et ne prend pas la peine de nous saluer.

Une accompagnatrice vient à notre rencontre et nous montons au troisième étage, dans un petit ascenseur défraîchi, croisant au passage des infirmières et des infirmiers, jeunes pour la plupart, dont les vêtements de travail verts ou bleus sont de la même couleur que plusieurs murs de l'institution où on voit, ici et là, des photos d'Yvon Deschamps, le porte-parole de la fondation du CHUM. Ils vont et viennent, au milieu des patients, dans des corridors qui ressemblent à un labyrinthe. Nous arrivons dans un long couloir au plancher lustré, au bout duquel ont été installées les salles accueillant une dizaine de personnes venant pour une intervention chirurgicale d'un jour.

Un homme au sourire taquin et aux cheveux blancs très denses est assis sur son lit, sa jaquette d'hôpital sur le dos, déjà prêt à se rendre en salle d'opération. Jean Léger a accepté qu'on filme l'intervention qui sera pratiquée par le chirurgien Alain Barrier.

J'ai été impressionné d'apprendre que de plus en plus d'octogénaires passent sous le bistouri. Uniquement au CHUM, il y en a eu près de 1 400 en 2011-2012[68], soit près de 6 % de toutes les interventions chirurgicales. On retrouve le même phénomène un peu partout au Québec[69]. Selon le ministère de la Santé, 51 000 patients de plus de 80 ans ont été opérés l'an dernier. C'est 10 000 de plus qu'en 2006-2007. Je suis cependant déçu, car on m'avait dit que M. Léger était dans cette catégorie, ce qui ne semble pas être le cas. Il doit avoir tout au plus 60 ans si je me fie à son allure de jeune retraité.

— Est-ce que je peux me permettre de vous demander quel âge vous avez?

---

68. Source : Centre hospitalier de l'Université de Montréal, juillet 2012.
69. Source : ministre de la Santé et des Services sociaux du Québec, juillet 2012.

— Quatre-vingts ans! dit-il fièrement.

— Vous ne faites pas votre âge!

Il rougit de plaisir.

— Je vous remercie. Dans ma jeunesse, je trouvais que ceux qui avaient 60 ans étaient très vieux. Je ne croyais pas me rendre aussi loin!

Je me faisais la même réflexion quand j'étais plus jeune. Je me demandais aussi pourquoi les femmes étaient heureuses de se faire dire qu'elles avaient l'air plus jeunes que leur âge. Depuis que j'ai passé le cap des 50 ans, je comprends que tout ce qui peut nous donner l'impression de rajeunir n'est pas l'apanage des femmes.

— Pourquoi devez-vous être opéré?

— J'ai une hernie ombilicale et ça me fait un peu mal quand je me lève le matin.

— Êtes-vous stressé?

— Absolument pas! Je me suis toujours senti en sécurité à l'hôpital.

Sa dernière opération remonte à neuf ans. C'était à la vésicule biliaire. À part des problèmes de tension artérielle, sa santé est bonne.

— Il faut demeurer autonome, me dit l'octogénaire, qui vit en appartement avec son épouse.

C'est d'ailleurs pour cela que le Dr Alain Barrier se fait un devoir d'opérer les personnes âgées dont l'état physique le permet. Il veut qu'ils restent à domicile le plus longtemps possible.

— Chaque année, au moins 15 % de mes 500 patients ont plus de 80 ans, et ça va en augmentant. Étant donné qu'ils sont plus nombreux, il faut commencer à tenir compte d'une variable très importante dans l'évaluation des budgets de santé. Même si l'intervention chirurgicale se déroule bien, la durée d'hospitalisation est généralement deux fois plus longue pour une personne de 80 ans et plus que pour un malade de 65 ans.

Les octogénaires récupèrent plus lentement, ont davantage besoin de soins et d'assistance, ce qui explique qu'au Canada soigner une personne de 80 ans et plus coûte en moyenne annuellement 20 000 dollars, contre 6 000 dollars pour un patient de moins de 65 ans[70].

Dans un demi-siècle, les aînés constitueront plus du quart de la population. Le Dr Barrier s'en préoccupe même s'il mettra du temps avant d'atteindre un âge aussi respectable. À 44 ans, il commence à peine à perdre quelques cheveux et a la taille svelte d'un joueur de soccer. Il impressionne par son calme, un calme dont les personnes âgées ont tant besoin pour se sentir rassurées.

— Mes interventions les plus fréquentes sont les chirurgies abdominales, les hernies et beaucoup de cancers du côlon. L'espérance de vie d'un homme de 80 ans est d'environ huit ans, et un peu plus chez la femme. Il faut évaluer la durée et la qualité de vie d'un patient âgé en fonction de sa maladie, avant de décider s'il faut ou non l'opérer. Si on peut prévoir un décès rapide, il n'est pas logique d'intervenir. C'est la même réflexion pour un patient dont la hernie ne le dérange pas trop et qui passe ses journées à la maison. On va plutôt choisir de traiter celui du même âge qui est très actif.

C'est justement le cas de Jean Léger, que nous retrouvons maintenant un étage plus haut. Une infirmière pousse machinalement sa civière, traverse de larges portes vitrées et l'installe dans un coin, près du poste de garde des salles d'opération. Après avoir enfilé un uniforme et nous être coiffés d'un bonnet, nous avons l'autorisation de les rejoindre. Un anesthésiste, le Dr Jean-Denis Roy, consulte le dossier médical de M. Léger sur un écran d'ordinateur suspendu au mur. Il s'approche ensuite de lui pour l'informer des procédures qu'il devra accomplir tout en calmant ses appréhensions. Il

70. *Tendances des dépenses nationales de santé, 1975 à 2012*, communiqué de l'Institut canadien d'information sur la santé, octobre 2012, p. 3.

a l'habitude. Le plus vieux patient qu'il a anesthésié avait 85 ans. Une de ses collègues a eu une patiente de 105 ans.

— Il n'y a pas de limite d'âge pour avoir une anesthésie générale, m'explique-t-il. Étant donné la sensibilité plus grande des gens âgés aux médicaments et le ralentissement de leur métabolisme, la récupération est généralement plus longue. Ils peuvent avoir une impression de perte de mémoire à courte échéance. Le plus grand risque, c'est leur état de santé. Une personne cardiaque, par exemple, représente plus de danger.

Il est maintenant temps de procéder à l'intervention. Le Dr Roy rejoint son collègue Alain Barrier dans une petite pièce adjacente à la salle d'opération. Elle comporte de longs éviers, où ils se brossent longuement les avant-bras et les mains pour éviter toute contamination. Au même moment, dans la salle 12, trois infirmières accueillent M. Léger en le faisant délicatement glisser de la civière à la table d'opération. L'anesthésiste, qui se trouve près de sa tête, à proximité du moniteur cardiaque et des autres appareils pour y lire les signes vitaux, le réconforte en paroles. Il introduit doucement une aiguille dans son bras, lui administre un narcotique, puis un sédatif et un curare.

Quelques secondes suffisent pour conduire l'octogénaire dans le monde de l'insensibilité. Au tour du Dr Barrier d'entrer en scène. Il manie le bistouri avec dextérité. Une infirmière éponge un léger filet de sang après l'incision. Malgré le sérieux de chaque geste, l'atmosphère reste détendue. Un rayon de soleil pénètre par une petite fenêtre et auréole le bloc opératoire.

Vingt minutes et quelques points de suture plus tard, l'intervention est terminée. L'anesthésiste procède au réveil.

— Monsieur Léger? Monsieur Léger, vous m'entendez?

Une jeune infirmière caresse tendrement la main du malade pour l'extirper de son sommeil.

— On les traite comme s'ils étaient nos parents, avoue l'infirmière-chef Jenny Guenette. Ma mère a le même âge, alors je peux comprendre ce qu'ils ressentent. Il faut prendre le temps de leur expliquer les choses et répéter s'il le faut pour les réconforter.

M. Léger ouvre les yeux, l'air de se demander où il est. Des préposées le conduisent à la salle de réveil, où nous le retrouvons deux heures plus tard.

— Tout s'est bien déroulé, mais j'ai mis un peu de temps à retrouver mes sens !

Pendant que Jean Léger retourne chez lui, avec l'aide d'une de ses sœurs, la journée de travail du Dr Barrier se poursuit. Il troque ses vêtements de chirurgien contre ceux de ville et se rend à la clinique externe afin d'assurer le suivi postopératoire de ses plus vieux patients. La première, une religieuse de 88 ans, Berthe Canthy, a dû subir il y a quelques mois une intervention pour un cancer colorectal.

— Ce qui me faisait peur, c'était d'avoir un sac de stomie, mais je n'en ai pas eu besoin. J'ai confié les mains du Dr Barrier à Dieu et cela a fonctionné, me confesse-t-elle en me remettant plusieurs médailles religieuses de la fondatrice de sa congrégation pour me protéger.

Dès qu'elle quitte la clinique, un autre patient, âgé de 83 ans, s'approche en fauteuil roulant. Guy Pelletier est lui aussi religieux. La maladie ne l'a pas épargné. Il a eu un cancer de la prostate, il y a vingt ans, et a subi un AVC qui l'a laissé à moitié paralysé quelques années plus tard.

— J'ai eu une tumeur au côlon il y a quelques mois. Je suis heureux d'être guéri !

Même s'il sait que le tiers des personnes âgées de plus de 80 ans meurent chaque année du cancer, Guy Pelletier reste optimiste grâce aux encouragements du Dr Barrier. Depuis une décennie, le taux de mortalité dû au cancer colorectal a diminué en moyenne de 3 % par année chez les hommes et de 2 % chez les femmes[71]. Cette amélioration est directement liée aux traitements et à un meilleur dépistage.

— Je vous remercie, docteur, de m'avoir sauvé et de prendre soin de moi, redit continuellement l'ex-missionnaire.

On dirait une invocation. Il n'est pas le seul à chanter les louanges de la médecine.

71. *Statistiques canadiennes sur le cancer 2013*, Société canadienne du cancer, Toronto, Ontario, p. 41, www.cancer.ca/~/media/cancer.ca/CW/cancer % 20information/cancer % 20101/Canadian % 20cancer % 20statistics/canadian-cancer-statistics-2013-FR. pdf.

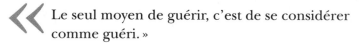 « Le seul moyen de guérir, c'est de se considérer comme guéri. »

GUSTAVE FLAUBERT

Le téléphone sonne dans une petite maison appartenant à la congrégation Notre-Dame du Bon-Conseil dans le nord de Montréal.

— Bonjour, je vous téléphone de l'Hôpital Pierre-Boucher. Vous avez passé des examens il y a quelques jours et le médecin aimerait vous revoir demain.

Frappée de surprise, la religieuse la plus connue au Québec s'apprête à poser une question lorsque la secrétaire médicale s'empresse d'ajouter une importante recommandation.

— Il serait préférable que vous soyez accompagnée lors de votre visite.

— Certainement. Pas de problème.

Sœur Angèle n'ose pas en apprendre plus pour le moment, même si elle se demande pourquoi le docteur tient tellement à la rencontrer à nouveau, car elle se sent en pleine forme.

— Et pourquoi ne veut-il pas que j'y aille seule ? Est-ce grave ? s'interroge-t-elle.

Le lendemain, accompagnée d'une amie, elle entre, intriguée, dans le cabinet du médecin. Elle constate aussitôt, à sa façon de la dévisager, qu'il s'agit d'une mauvaise nouvelle.

— Je suis désolé de vous apprendre que vous avez un cancer du côlon !

Le premier réflexe de sœur Angèle est de se retourner vers sa camarade pour lui demander à qui le médecin parle.

— Vous avez bien compris, lui dit le chirurgien sur un ton franc. C'est de vous qu'il est question, sœur Angèle. La colonoscopie ne ment pas ! Nous devons vous opérer rapidement pour mettre toutes les chances de votre côté.

Cela se passait en décembre 2011, quelques jours après que ce même médecin l'eut invitée à prendre soin de sa santé lors d'une soirée italienne à Montréal.

— Il ne restait qu'une seule place disponible, près de ce gentil monsieur que j'avais déjà rencontré dans le passé. Il a commencé à me parler de l'Italie, du bon vin, de gastronomie, puis il a bifurqué vers la médecine, car le Dr François Letellier est chirurgien à l'Hôpital Pierre-Boucher de Longueuil.

Il lui a demandé à quand remontait son dernier examen médical et a été stupéfait d'apprendre que ça faisait au moins 15 ans.

— Je ne veux pas vous embêter avec ça, a-t-il ajouté, mais vous devriez y voir. Si vous le désirez, je peux m'occuper de vous cette semaine.

Elle avait envie d'attendre, à cause de ses horaires chargés. Pourquoi lui donner plus de travail alors que de nombreuses personnes très malades avaient davantage besoin de ses services ? Mais le profond sentiment de devoir faire confiance à cet homme était étrangement plus fort que le reste.

— Le bon Dieu m'a envoyé un ange ! Je ne veux pas songer à ce qui se serait produit s'il n'avait pas détecté ma maladie !

Sur le coup, quand le médecin lui a appris la gravité de la situation dans son bureau, le mot « cancer » a résonné puissamment dans la tête de sœur Angèle. L'heure du bilan avait sonné. Elle s'est mise à penser à sa vie, depuis son arrivée au Québec en provenance de sa Vénétie natale, en Italie, jusqu'à ses rencontres mémorables avec six papes consécutifs. Elle allait être contrainte de suspendre ses activités pour la première fois. Depuis son adolescence, elle n'avait jamais cessé de travailler. À 12 ans déjà, avant d'aller à l'école, elle se levait très tôt le matin pour servir le café aux ouvriers, dans un restaurant près de Venise. En fin d'après-midi, après avoir terminé ses devoirs, elle revenait pour effectuer le service aux tables jusqu'à la fermeture à minuit.

Elle voulait toujours en faire plus. À 16 ans, elle ne parlait pas un seul mot de français quand elle a quitté ses parents pour rejoindre sa grande sœur à Montréal. Elle souhaitait découvrir le Nouveau Monde fortuné, mais y a trouvé une autre richesse, la vocation religieuse, puis le goût de la gastronomie. Cette nouvelle passion l'a conduite à l'Institut de tourisme et d'hôtellerie du Québec, puis à la télévision, en 1980, où elle a fait découvrir ses meilleures recettes à la province entière. C'était le bonheur total. L'idée d'être un jour malade ne lui avait jamais effleuré l'esprit, jusqu'au moment où le cancer colorectal est apparu, à 74 ans.

— C'est la troisième cause de mortalité par cancer au Canada. Je me suis tout d'abord dit : « Je suis foutue ! »

Elle avait lu quelque part que plus de 6 000 Québécois reçoivent annuellement un diagnostic semblable au sien, surtout des personnes de plus de 50 ans[72]. La moitié des nouveaux cas de cancer colorectal touchent les personnes de 70 ans et plus, comme elle[73].

Après avoir beaucoup prié, plus qu'à l'habitude, une paix intérieure l'a envahie. Le jour où elle a reçu l'appel pour subir son intervention chirurgicale, elle était prête à tout.

— Si je devais mourir, je le ferais dans la sérénité. Les autres religieuses étaient inquiètes et me regardaient

---

72. *Statistiques canadiennes sur le cancer 2012*, Société canadienne du cancer, Agence de la santé publique du Canada, Statistique Canada, Toronto, Ontario, 9 mai 2012, 73 pages.

73. *Idem.*

bizarrement, l'air de se dire que ça n'allait pas. C'est mystérieux comment je me sentais. C'était la grâce du moment !

Elle a failli y rester. Durant l'opération, son cœur a montré des signes de détresse.

— Ç'aurait été une mort paisible. Je me serais réveillée de l'autre côté en me demandant où j'étais rendue ! Par chance, il y avait un cardiologue dans la salle. Il m'a réanimée !

Sœur Angèle a subi la résection d'un demi-mètre d'intestin.

— Je faisais entièrement confiance au Dr Letellier et à son équipe. On m'avait dit qu'ils sont les meilleurs dans leur spécialité !

Chaque semaine, les six gastroentérologues de l'Hôpital Pierre-Boucher de Longueuil réfèrent des patients aux chirurgiens qui effectuent ensuite des interventions en utilisant une technique de résection du côlon par laparoscopie.

— Nous procédons à au moins 400 opérations du genre chaque année, dit le Dr Sylvain Des Groseillers, chef du département de chirurgie, qui a pris soin de sœur Angèle avec son confrère François Letellier. Auparavant, nous devions pratiquer une longue entaille pour accéder au côlon. Maintenant, nous faisons quatre ou cinq courtes incisions et nous introduisons une canule, un instrument en forme de tube dans l'abdomen. Un laparoscope, petit télescope branché à une caméra, est inséré dans la canule et nous permet de voir une image agrandie des organes internes sur un écran.

Il y a moins de douleurs après l'opération. La durée de séjour à l'hôpital est plus courte et le retour à la vie normale se fait plus rapidement.

— Ce qui a sauvé sœur Angèle, ajoute le Dr Des Groseillers, c'est la détection rapide de sa maladie à un stade précoce. Après l'âge de 50 ans, nous recommandons fortement de subir des examens pour prévenir ce type de cancer. Plus nous intervenons tôt, meilleures sont les chances de guérison !

L'hospitalisation de sœur Angèle a duré cinq jours, pendant lesquels elle faisait de la visualisation positive. Elle se revoyait déjà au travail, en voyage ou dans sa cuisine. C'était la seule façon de passer au travers. À sa sortie, la douleur dans son ventre était encore vive. Elle était faible et avait de la difficulté à s'asseoir dans un fauteuil roulant.

— Je me suis dit: «Si je ne pars pas tout de suite, je risque peut-être de ne jamais m'en aller!» Les sœurs voulaient me faire revenir à la maison mère en ambulance. J'ai dit: «Jamais de la vie! Je ne suis pas en train de mourir! Je pars en auto!»

Dehors, il s'était mis à neiger de gros flocons ouateux. Elle a tendu les mains pour en attraper au vol, comme une enfant.

— Les flocons étaient tous différents les uns des autres. Ça m'a fait réfléchir. Nous ne sommes pas identiques, nous non plus. Cela ne signifie pas que je vais mourir du cancer parce qu'une autre personne en est décédée.

Elle est retournée au couvent pour y poursuivre sa convalescence, en attendant d'avoir des nouvelles de sa biopsie. Un après-midi, elle se reposait lorsque la réceptionniste l'a appelée pour lui annoncer que deux fillettes étaient à l'entrée et désiraient la rencontrer. Après leur avoir donné l'autorisation de monter à sa chambre, sœur Angèle leur a ouvert sa porte.

— Comment vous appelez-vous?

— Moi, c'est Laurence, a répondu la plus grande, tandis que son amie marmonnait un prénom qu'elle n'a pas entendu.

— Est-ce que vous me connaissez?

— Oui. On a appris que vous avez un cancer. On veut vous consoler.

— Vous êtes charmantes. Qu'est-ce que vous faisiez dans les parages?

— On jouait dans la neige lorsqu'on a pensé à vous.

Elle les a embrassées, puis les a regardées partir. Sœur Angèle a cru rencontrer deux anges, annonciateurs d'une bonne nouvelle.

— Le lendemain, mon médecin m'apprenait que je n'aurais pas à subir de traitements de chimiothérapie !

Elle a pu continuer à se reposer, l'âme en paix.

Maintenant que sa maladie avait été rendue publique, elle recevait de plus en plus d'appels téléphoniques et de lettres de nombreuses personnes atteintes de cancer, dont certaines l'ont touchée plus que les autres.

— Une dame m'écrivait parce qu'elle avait reçu un diagnostic de cancer du sein deux mois auparavant. Elle craignait de subir une mastectomie et n'avait pas le courage de le dire à son mari par crainte de ne plus être aimée.

Elle a répondu à tous de ne pas se cacher, de ne pas avoir peur, car la maladie peut frapper tout le monde. On doit avoir de l'aide pour la combattre et se faire confiance.

Elle a toujours pensé de la sorte depuis qu'elle a choisi de donner sa vie à Dieu. Elle aurait pu ne jamais devenir sœur Angèle. Lors de son voyage de l'Italie jusqu'au Québec, en 1955, un jeune prétendant lui a fait la cour durant la traversée, avant de disparaître à Toronto. Trois ans plus tard, il a voulu la retrouver en frappant à la porte de la congrégation religieuse où elle s'était réfugiée pour faire son noviciat, mais personne n'en a alors soufflé mot à la jeune femme. Elle l'a appris de nombreuses années plus tard et ne regrette rien. C'est ce qui devait arriver.

— J'ai toujours cru au destin, et cela m'a porté chance, même dans l'épreuve du cancer. Pendant que des centaines de personnes priaient pour moi, je demandais à ma défunte mère de m'aider. La dernière phrase qu'elle m'a dite, avant de mourir à l'âge de 95 ans, c'est : « Ne t'inquiète jamais, ma petite fille ! » Elle a été exposée au salon funéraire le jour de son anniversaire et je lui ai chanté bonne fête devant son cercueil. C'est étrange, mais cela a effacé de ma mémoire la tristesse de son départ.

Sœur Angèle tente d'oublier les mauvais souvenirs en les rendant salutaires. Ce sera pareil avec son cancer.

— Il y a pire que cela dans la vie ! Des personnes ont vécu des drames épouvantables de toutes sortes et ont peur que cela se répète. Croire peut nous sauver !

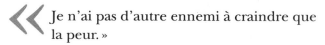 Je n'ai pas d'autre ennemi à craindre que la peur. »

FRÉDÉRIC-LAWRENCE KNOWLES, *La Peur*

Un air du temps des fêtes envahit l'arrondissement Montréal-Nord en ce début d'année. Ce sont les premiers jours de janvier 2005 et, aux rampes des balcons des maisons, de nombreuses lumières de Noël scintillent de leurs couleurs arc-en-ciel. Cette période de réjouissance remplit d'allégresse Mme Grégory, qui a choisi de poursuivre les festivités en participant à une soirée de bingo avec des amis, dans un immeuble situé en face de chez elle.

La femme de 64 ans, particulièrement frileuse en hiver, enfile deux épais chandails de tricot et un manteau de duvet, puis quitte son logement, emportant avec elle un petit sac contenant un peu d'argent. Depuis qu'elle a des problèmes aux genoux, elle se déplace avec un déambulateur pour prévenir les chutes. Elle prend l'ascenseur, pousse la porte d'entrée et sent immédiatement l'air frais envahir ses poumons. En passant dans le stationnement extérieur, elle s'aperçoit que les vitres de l'automobile que lui a laissée son fils pendant son voyage en Floride sont recouvertes de frimas. Elle décide de les dégivrer avant de se rendre à pied à la rencontre. Elle croise alors une de ses voisines qui va, elle aussi, à la soirée.

— Bonsoir, madame Grégory, voulez-vous que je vous attende ? lui demande-t-elle.

— Non, ce n'est pas nécessaire. Vous allez avoir froid. Je vous rejoins dans quelques minutes.

Elle se retrouve seule, met le moteur en marche, allume la chaufferette pour qu'elle propulse de l'air chaud dans l'habitacle et racle les vitres avec un grattoir de plastique pour enlever le givre, tout en prenant bien soin de se tenir afin de ne pas perdre l'équilibre. La glace et la neige abondante réfléchissent les jets de lumière des lampadaires surplombant les lieux et lui donnent l'impression que le crépuscule n'est pas encore tombé. Le gel s'écaille à chacun de ses mouvements, et elle reste concentrée sur ce qu'elle fait jusqu'à ce que son attention soit attirée par les rires et la musique forte provenant d'une fourgonnette garée à proximité.

— Je me suis retournée. Il y avait quatre adolescents à l'intérieur, dont un qui me semblait trop jeune pour conduire. Il est descendu et s'est approché de moi. « Bonsoir, madame », a-t-il dit. « Bonsoir », ai-je répondu poliment.

Le garçon repart, comme si de rien n'était, pendant que la sexagénaire poursuit le dégivrage. Quelques minutes plus tard, il réapparaît entre deux autos.

— Bonsoir, madame, répète-t-il.

— Allô, dit en riant Mme Grégory, en pensant qu'il veut tout simplement plaisanter.

Elle se retourne à nouveau pour vaquer à ses occupations, mais un étrange pressentiment l'envahit. Le danger rôde autour d'elle.

— Je n'ai même pas le temps de terminer ma réflexion qu'un autre adolescent, costaud, arrive par-derrière et me prend à la gorge. « Qu'est-ce que tu fais ? » ai-je réussi à marmonner. « Tais-toi ! » a-t-il ordonné, avec un accent prononcé.

Sans crier gare, il sort un poignard luisant de sa poche et l'enfonce en rafale dans le dos, l'omoplate, le thorax et à la hauteur des reins de la pauvre femme. Au troisième coup, ses jambes plient. Son déambulateur bascule. Elle tombe, la tête la première, dans un lourd fracas, en poussant un cri d'abandon.

— Ouf !

Étendue sur le sol enneigé, elle relève péniblement la tête. L'assaillant en redemande. Il prend son élan et lui enfonce la semelle d'une de ses lourdes bottes couvertes de calcium sous le menton. Un goût de sel et de sang lui envahit la bouche. Paralysée de souffrance, Mme Grégory n'arrive plus à faire le moindre mouvement. Très croyante, il ne lui reste plus qu'à prier pour que ça s'arrête.

— Je me suis dit: «Seigneur, surtout pas ça! S'il me donne d'autres coups de pied, je vais mourir!» J'ai alors cessé de bouger pour leur faire croire que j'étais morte.

Elle n'a jamais été aussi haletante de peur. Des larmes se cristallisent sur son visage plaqué par terre, pendant que les quatre jeunes qui l'entourent déguerpissent finalement en volant le véhicule de son fils, dont le moteur n'a pas cessé de tourner.

— J'ai craint qu'ils m'écrasent en reculant. Les roues de la voiture sont passées à quelques centimètres de ma tête.

Quelques minutes plus tard, des voisins trouvent Mme Grégory gisant dans la neige, ensanglantée et délirante. Elle est aussitôt transportée à l'Hôpital du Sacré-Cœur, pendant que des policiers commencent leur enquête et localisent, six heures plus tard, la voiture volée, à quelques rues de la scène du crime. Ils procèdent à l'arrestation d'un des adolescents, âgé de près de 18 ans. Les trois autres malfaiteurs, dont le plus jeune a 13 ans, sont retrouvés et placés en détention le lendemain afin de répondre de leurs actes devant le Tribunal de la jeunesse.

C'est presque un miracle si Mme Grégory a survécu.

— Ce qui m'a sauvée, ce sont les vêtements épais et la graisse que j'avais sur le corps. Mes organes vitaux ont été épargnés. Les médecins ont traité mes plaies, mes fractures, mes ecchymoses, mais ce qui ne pourra probablement jamais disparaître, ce sont les séquelles psychologiques.

Elle ne se rappelle pas combien de temps elle est demeurée sous médication aux soins intensifs.

— Aucun remède n'aurait pu m'enlever les frousses que j'ai eues. Je me souviens d'avoir été dans une chambre toute vitrée. Afin d'assurer mon repos et ma sécurité, il y avait des restrictions pour les visites. Un jour, des préposés et des gardiens de sécurité sont arrivés en courant. Ils prétendaient qu'un journaliste avait réussi à s'introduire dans l'hôpital et se dirigeait vers moi. Ils m'ont pris dans leurs bras, m'ont assise dans une chaise roulante et m'ont transférée en vitesse dans une autre unité de soins. J'ai eu très peur et j'ai dit à mon fils de me sortir de là !

Il lui conseille de se calmer. Il faut qu'elle guérisse davantage avant d'obtenir son congé. Mais ses mots ne suffisent pas à la réconforter.

— Peu de temps après, j'ai reçu un bouquet de fleurs. La carte de prompt rétablissement l'accompagnant était signée « La gang de rue de l'est ». J'ai paniqué ; je croyais que mes jeunes agresseurs, membres d'un gang de rue, m'avaient retrouvée et allaient venir me tuer ! Je me suis mise à pleurer sans arrêt.

Ironie du sort, ce bouquet a été envoyé par des policiers du centre opérationnel est, touchés par le drame. Le fleuriste a-t-il fait une erreur en inscrivant « La gang de rue de l'est » sur la petite carte ? Voulait-il plutôt écrire « Les policiers responsables des gangs de rue de l'est » ? On ne le saura sans doute jamais.

Mme Grégory tremble de peur. Un psychologue vient à son chevet à plusieurs reprises pour l'aider à surmonter son affolement. Il ne réussit pas à la rassurer. L'hôpital l'affecte de plus en plus mentalement. Elle réussit à quitter l'endroit en fauteuil roulant, deux semaines après son admission, et se terre chez un de ses fils. Perturbée, elle passe ses journées à remuer dans sa tête les pires scénarios d'agression physique à son endroit si jamais les membres de gang la retrouvent. Malgré cela, sollicitée par de nombreux journalistes, elle accepte de témoigner publiquement, mais, pour sa sécurité, demande que son visage n'apparaisse pas dans les médias. Elle remercie un bienfaiteur anonyme qui a décidé de verser 75 000 dollars à Jeunesse au Soleil, qui vient en aide aux victimes d'actes criminels. Elle tient aussi à souligner que cet organisme l'aide beaucoup en lui procurant de nouveaux vêtements d'hiver parce que les ambulanciers ont dû déchirer les siens, souillés de sang, lors de leur intervention. Puis, elle quitte précipitamment la salle surchauffée où a lieu la conférence de presse, sous bonne escorte, craignant que quelqu'un attente à sa vie.

Quelques semaines plus tard, en se réveillant, Mme Grégory se dit qu'elle en a assez de vivre recluse chez son fils depuis deux mois et décide de retourner chez elle.

— Mes belles-filles et mes fils m'ont fortement suggéré de déménager dans une résidence pour personnes âgées, où je serais en sûreté, mais j'ai refusé. Ils m'ont fait comprendre que si je n'étais pas autonome, il faudrait que j'accepte l'inévitable. J'ai la tête dure. Je suis restée chez moi !

Les premiers temps sont très difficiles. Sans ergothérapie ni physiothérapie, sa mobilité est réduite. Elle a beaucoup de mal à se mouvoir d'une pièce à l'autre dans son trois et demie. Des raideurs perdurent du côté droit, le plus atteint par les coups de poignard. Sans l'aide constante d'amis, et particulièrement d'une de ses voisines, Claudette, elle avoue qu'elle aurait certainement dû se résigner à entrer dans un centre d'hébergement.

Malheureusement, personne ne réussit à effacer la terreur qui paralyse chacune de ses pensées, chacun de ses gestes, et mine sa santé. Sa porte d'entrée demeure constamment verrouillée. Elle n'ose plus sortir seule et cesse d'écouter les nouvelles à la télévision parce que les reportages sur la violence lui font revivre son agression. Ses deux fils ont beau lui téléphoner chaque jour pour la rassurer, cela n'y change rien. Elle passe une bonne partie de son temps couchée pour faire disparaître le mal.

— Quand je suis dans mon lit, j'ai souvent des étourdissements. En public, il m'arrive d'avoir des crises d'angoisse.

Le temps passe, mais l'attaque brutale de 2005 continue de hanter tout son être et se manifeste brutalement quand elle ne s'y attend pas. L'autre jour, Mme Grégory se retrouve de nouveau à l'Hôpital du Sacré-Cœur, près des soins intensifs.

Assise dans le corridor, elle attend de rencontrer une neurologue lorsque son cœur se met à battre rapidement, des gouttes de sueur perlent sur son visage blafard. En état de panique, elle avale ses sanglots et respire lentement et profondément, comme elle a appris à le faire, pour ne pas s'évanouir.

— Après coup, j'ai compris ce qui a déclenché cette frayeur. Un infirmier est passé en courant devant moi, et cela m'a rappelé la fois où on a dû me faire quitter en vitesse ma chambre quand j'étais hospitalisée. On appelle ça un syndrome post-traumatique.

Le médecin qu'elle rencontre ce jour-là ne sait pas qu'elle a subi un si grave traumatisme. Après avoir révisé son dossier médical, il lui en parle brièvement et cela la chamboule.

— En sortant de là, je suis allée voir mon psychologue. C'est la seule personne avec qui je parle de l'attaque. Il est réconfortant. Je n'en discute jamais avec mon médecin de famille. C'est trop difficile !

Il est tout aussi ardu pour elle d'évoquer les peines imposées à ses quatre agresseurs. Le plus vieux, qui était à trois jours de sa majorité le jour du crime, risquait d'être déféré à un tribunal pour adultes, mais le juge de la Chambre de la jeunesse a refusé, alléguant que l'accusé était repentant et avait plaidé coupable à la première occasion. Il a écopé d'une peine de vingt-quatre mois de garde fermée dans un centre jeunesse. Un de ses comparses a reçu la même condamnation, alors que les deux autres ont purgé des peines de vingt et un et douze mois chez les jeunes contrevenants, dans un centre jeunesse.

— C'est ridicule. En fin de compte, on n'a même pas retenu une accusation de tentative de meurtre, dit Mme Grégory. Le juge a estimé qu'ils ne m'avaient pas achevée parce qu'ils ne voulaient pas vraiment me tuer!

Un an après leur crime, j'ai rencontré le plus jeune de la bande au Centre jeunesse Cité des Prairies de Montréal. L'adolescent alors âgé de 14 ans, chétif, aux cheveux longs et bouclés, avait l'air d'un enfant sans défense. Il vivait dans une unité fermée avec une dizaine d'autres adolescents tous plus vieux que lui. Avec son air espiègle, assis sur une chaise de plastique, dans sa chambre étroite aux murs verts défraîchis et remplis de bonnes résolutions écrites au crayon-feutre sur de grands cartons de couleur, il m'a expliqué que les éducateurs lui enseignaient à avoir de l'empathie envers les autres et, plus spécifiquement, à l'endroit de Mme Grégory.

— Je m'excuse pour mon geste, a-t-il finalement prononcé d'une voix presque inaudible, après que je lui eus posé plusieurs questions pour l'orienter dans cette direction.

Il n'était pas admissible à une libération avant trois autres années. En plus de l'agression contre Mme Grégory, il faisait face à 72 accusations en rapport avec d'autres délits.

— Je me suis longtemps demandé ce qu'il était advenu de lui, pense tout haut Mme Grégory. Je craignais de ne pas pouvoir le reconnaître si je le croisais à nouveau dans un stationnement. Je souhaitais ne jamais me retrouver sur son chemin!

En 2012, une information publiée par le quotidien Montréalais *The Gazette*[74] la bouleverse. Un journaliste lui apprend que le plus jeune de ses agresseurs, maintenant âgé de 21 ans, est menacé par le gouvernement fédéral de déportation vers son pays d'origine: le Congo. Réfugié politique, il est arrivé

---

74. « Descending into the life of a reoffender: The four youngsters who assaulted a 64-year-old Montrealer seven years ago have become career criminals », *The Gazette*, 4 mai 2012, www.montrealgazette.com/news/Descending + into + life + reoffender/6463231/story.html#ixzz2Y8SgiIUR.

au Québec avec son père en l'an 2000. La Commission de l'immigration et du statut de réfugié l'accuse de « criminalité organisée », c'est-à-dire d'avoir fait partie de deux gangs de rue associés aux Bo-Gars quand il était mineur. Il accumule les délits. En 2009, en sortant du centre jeunesse, il a berné tout le monde avant d'être à nouveau arrêté et condamné à quinze mois de prison pour effraction, séquestration, possession d'arme, menace et possession de drogue à des fins de trafic. Il aurait aussi commis un délit de fuite lors d'un accident de la route.

Les quatre adolescents qui ont agressé Mme Grégory et lui ont enlevé une partie de sa vie ont tous récidivé. Trois d'entre eux ont encore une fois commis des crimes graves. La plus lourde peine infligée à un des membres du quatuor a été onze ans de pénitencier pour agression sexuelle.

— C'est épouvantable, martèle Mme Grégory, qui a élevé seule ses deux fils en leur montrant le droit chemin. Où sont les parents de ces jeunes ? Ils ne leur ont pas montré à respecter les autres et encore moins les gens sans défense comme les personnes âgées. Quand on vieillit, on perd nos capacités. On entend moins bien. On voit moins bien. On a davantage peur de ce qui nous attend. Que fait la justice pour nous protéger ?

Mme Grégory n'est pas la seule à penser ainsi. Celui qui a inventé l'expression « sentence bonbon » exige aussi davantage de justice.

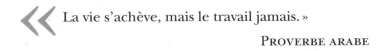 La vie s'achève, mais le travail jamais. »

PROVERBE ARABE

Ses lunettes noires sur le bout du nez, de nombreuses feuilles de papier étalées pêle-mêle sur le bureau devant lui, Claude Poirier gesticule et parle très fort au micro. Il s'adresse à la caméra pour dénoncer avec véhémence les abus subis par les personnes âgées. Dans quelques minutes, il va joindre au téléphone une vieille dame battue et volée dans sa maison par un jeune bandit. Il fulmine et ne mâche pas ses mots.

— Ceux qui font ça à nos vieux sont des trous du cul ! C'est épouvantable ! Les tribunaux doivent être plus sévères à leur endroit. Finies, les sentences bonbons !

Claude Poirier ne joue jamais la comédie. Il demeure entier, gonflé à bloc, même à micro fermé, durant la pause publicitaire.

— Ça prend des imbéciles pour faire ça !

Je ne sais pas s'il se parle à lui-même ou cherche à se faire entendre par les membres de son équipe, assis dans la régie de production installée à proximité, mais il ne décolère pas. Claude Poirier est tout un phénomène.

Certains rient de sa façon d'escamoter les consonnes, entre autres lorsqu'il prononce « dividu » au lieu de « individu », mais rares sont ceux, parmi les animateurs et journalistes, qui font preuve d'autant de fougue et de combativité pour défendre la veuve et l'orphelin, les plus pauvres et les

209

sans-défense. En cinquante-trois ans de carrière, il l'a toujours fait avec détermination.

Depuis ses débuts impromptus à la radio CJMS de Montréal en 1960, où il payait pour travailler tellement il voulait se faire connaître du public et réussir, Claude Poirier n'a pratiquement jamais pris de vacances.

— S'il se produit des événements en mon absence, ça me fatigue, alors j'aime mieux ne pas m'éloigner ! Après trois ou quatre jours de congé, je me suis suffisamment reposé !

Levé à 3 h 30, couché à 22 heures, il multiplie dès l'aurore ses interventions à la radio et à la télévision, sans jamais se lasser de trouver des nouvelles exclusives ou d'écouter les confidences des plus récalcitrants criminels.

— Quand j'entends certaines personnes me dire de ne pas les appeler avant 11 heures le matin la fin de semaine parce qu'elles se reposent, j'ai de la misère à comprendre. C'est quoi se reposer ? À 11 heures, ça fait longtemps que ma journée est entamée. J'ai toujours dit qu'il faut se lever tôt pour avoir un avenir ! Un jour, on ne sera plus là. Il faut en profiter maintenant !

Il constate cependant, à 75 ans, que son endurance diminue un peu. Homme fier et secret, il parle rarement de sa vie privée. En tant que collègue de travail, je me suis inquiété pour sa santé à la fin de l'année 2012 quand il a disparu pendant plus d'un mois sans prévenir. Tout le monde craignait le pire, car il fumait comme une cheminée depuis l'adolescence, à part une brève interruption dans les années 1980 à la suite du décès de son père.

— Je ne la respirais pas, dit-il pour se donner meilleure conscience.

Il a pris la décision finale d'arrêter de fumer durant son absence du travail, une nuit de décembre, à l'Hôpital de Saint-Jérôme, devant un cardiologue venu à son chevet.

— Monsieur Poirier, je vous regarde de temps en temps à la télévision. Vous avez beaucoup d'énergie pour un homme de votre âge. Si j'avais un seul conseil à vous donner, ce serait de diminuer un peu.

— Qu'est-ce que vous voulez me dire ? Diminuer quoi ?

— Ce serait peut-être important de réduire votre consommation de tabac, pour votre santé.

— Quelle heure est-il ?

— Il est 2 h 20 le matin.

— Ça vient de s'éteindre, a dit fièrement Claude Poirier sur un ton lapidaire, tout en serrant la main du cardiologue stupéfait.

Il n'a plus fumé depuis. Je le soupçonne d'avoir pensé à son père, Léo, en prenant cette décision. Léo avait le même âge que lui quand il est mort dans sa demeure de Montréal en 1984. Il fumait cigarette sur cigarette même s'il était atteint d'emphysème. Son état de santé s'est détérioré en une semaine. Sa respiration est devenue de plus en plus difficile. Il cherchait de l'air et s'étouffait continuellement. Il ne voulait absolument pas aller à l'hôpital. Claude a tenté de l'aider en appelant un médecin à son chevet. Celui-ci lui a prescrit des médicaments et une petite pompe de cortisone pour ouvrir ses bronches et a insisté pour le faire transporter au centre hospitalier le plus proche.

— Docteur, il ne veut absolument rien savoir de l'hôpital ! a répliqué Claude Poirier.

Ce jour-là, très affecté par autant de souffrance, il a demandé à sa mère s'il ne ferait pas mieux de rester coucher près de son père au cas où il aurait besoin de lui, mais elle n'a pas voulu, préférant se débrouiller seule. Il est parti, embarrassé par sa décision. Le lendemain matin, sa mère en pleurs lui téléphonait. Son père était mort dans sa chaise berçante. Il a mis beaucoup de temps avant d'étaler ses sentiments après cette expérience traumatisante.

Je n'étais plus le même homme après le décès de mon père. Pour la première fois, j'étais touché par la perte d'un proche. Je n'avais

pas encore connu cela, moi qui côtoyais pourtant la mort durant
mes heures de travail[75].

Claude Poirier est un peu comme son père l'était, entêté, parfois grognon. Il ne voulait pas, lui non plus, se rendre à l'hôpital en 2012 quand il a ressenti des malaises. Il a fallu que son épouse insiste.

— Je ne suis pas facile à vivre !

Il a commencé à se sentir très mal un matin, avant de se rendre au travail.

— Je prenais des médicaments pour le mal de tête et le mal de dos. C'était tout un cocktail qui a failli me coûter cher. Ma pression artérielle diminuait. Mes reins fonctionnaient mal. J'ai dû avoir une dialyse. J'ai passé six jours aux soins intensifs.

Les médecins craignaient des atteintes au cerveau, mais heureusement ce n'était pas le cas.

Claude doit avoir également pensé à sa mère durant son hospitalisation. Il s'est souvent demandé comment elle a dû se sentir quand, vieillissante et moins autonome, elle a dû rester durant huit mois aux soins prolongés de l'Hôpital Santa Cabrini après une chute survenue à son domicile. Il l'a souvent veillée la nuit, sacrifiant ses quelques heures de sommeil. Il a par la suite été obligé de la placer dans une résidence pour personnes âgées.

— Des fois, je m'obstinais avec elle et je parlais fort car elle me faisait souvent répéter. Son médecin m'a conseillé de faire attention, car elle commençait à faire de l'Alzheimer. Ça m'a donné un dur coup ! J'espère ne jamais avoir cette maladie. C'est peut-être ça qui m'arrêterait de travailler. Des fois, j'ai de la misère à aligner mes mots, mais ça revient vite !

Avec sa sœur, il s'est fait un devoir de rendre visite à sa mère presque quotidiennement au CHSLD Le Cardinal de

---

75. Bernard Tétrault, *Claude Poirier – Sur la corde raide*, Stanké, 2007, p. 172.

Pointe-aux-Trembles, où elle est demeurée pendant sept ans. À tour de rôle, ils la faisaient manger, vérifiaient si elle ne manquait de rien.

— D'autres personnes âgées me reconnaissaient parce qu'elles me regardaient à la télévision et me demandaient où je trouvais le temps de venir m'occuper de ma mère. Ça faisait six mois, un an, que leurs enfants les avaient laissées à cet endroit comme du bétail sans revenir les voir une seule fois !

Claude Poirier leur parlait, essayait d'en savoir un peu plus sur leur passé. Elles étaient presque toujours abandonnées à cause d'une question d'argent.

— Ces personnes âgées me disaient ne plus voir leurs enfants depuis qu'elles refusaient de leur remettre entièrement leur chèque de pension de vieillesse. Cela se produit plus souvent qu'on ne le pense, mais personne n'ose en parler !

La mère de Claude Poirier, celle qu'il appelait affectueusement Ti-Coune et qui lui avait donné le goût de devenir reporter, est morte à l'âge de 93 ans, dans la chambre privée de sa résidence.

— Cela m'a beaucoup fait réfléchir. Si jamais je deviens très malade, je ne veux absolument pas être réanimé. Si on m'annonce un diagnostic de cancer, je ne veux pas de traitement ni d'acharnement. Je ne veux rien savoir ! On ferme le couvercle et c'est fini ! On va me soulager pour éviter la souffrance, mais il n'est pas question de m'envoyer dans un CHSLD !

Tout a été dit. Il n'a rien à ajouter. Notre conversation a été entrecoupée de nombreux arrêts. Claude Poirier multiplie ses interventions à la radio et à la télévision. Son émission *Le Vrai Négociateur* va bientôt recommencer.

— Il faut que j'y aille !

— Dernière question, Claude. Qu'est-ce que tu souhaiterais que la société fasse pour les personnes âgées ?

— Qu'on en prenne soin ! Certaines se laissent mourir de peine et d'ennui. La plupart ont travaillé dur, ont payé des impôts. On ne doit pas les laisser tomber. Mais tu dois le savoir, ce n'est pas trop rentable politiquement pour les gouvernements. 10-4!

Claude est reparti d'un pas rapide, me laissant seul dans le coin du studio. Le thème musical de son émission a commencé à jouer. Dans ses oreilles, le décompte était entamé. Quatre, trois, deux, un, zéro.

— Mesdames, messieurs, bonjour. Aujourd'hui, l'atroce histoire d'une dame de 94 ans, volée et battue dans sa résidence en Montérégie. On va lui parler en direct de l'hôpital!

Ce matin-là, Claude Poirier a pris encore une fois la défense des plus fragiles de la société, les personnes âgées, dans l'espoir que nous les protégions mieux. Le récit de Rose-Blanche a fait le tour de la province.

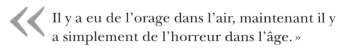

« Il y a eu de l'orage dans l'air, maintenant il y
a simplement de l'horreur dans l'âge. »

SERGE GAINSBOURG, *Pensées, provocs et autres volutes*

Une odeur de gazon fraîchement coupé se mélange au parfum des vivaces ornant la façade de la petite maison blanche aux volets rouges, construite au XIXᵉ siècle, dans un rang de campagne de la Montérégie.

Dans la cuisine d'été, située à l'arrière de sa modeste demeure, Rose-Blanche Desrosiers prépare le souper. Il fait chaud et un repas léger satisfera son estomac fragile. La dame de 94 ans s'est habituée à la solitude, maintenant que ses parents ainsi que ses sept sœurs et quatre frères sont, hélas, presque tous disparus. C'est un pur bonheur d'être chez soi et autonome, sans grave problème de santé, pense-t-elle en s'attablant, satisfaite de sa journée.

Sa douce quiétude est brisée par quelqu'un qui tambourine contre la porte. Elle se demande qui cela peut bien être à cette heure-là, probablement un voisin qui veut prendre de ses nouvelles, comme cela arrive occasionnellement. Sans regarder à travers la fenêtre à carreaux, elle tourne la poignée de métal et se retrouve face à face avec un jeune homme qu'elle ne reconnaît pas.

— Ton argent! Donne-moi ton argent! lui ordonne-t-il.

Surprise, Rose-Blanche recule de quelques centimètres pour se protéger et ne pas se laisser envahir par la peur. Elle répond du tac au tac.

— Je n'ai pas d'argent!

Contrarié, le bandit se précipite sur elle et lui enserre le cou de ses mains sales et rugueuses.

— Ne fais pas ça, j'aime ça vivre! le supplie Rose-Blanche.

Il n'a aucune pitié et brandit un poing menaçant. En une fraction de seconde, il l'abat violemment sur son visage. Elle s'écroule comme une poupée de chiffon. Sa tête heurte le plancher. Ses lunettes volent dans les airs et se fracassent. C'est le noir total. Elle ne bouge plus. Un lourd silence, presque mortel, s'installe. Rose-Blanche respire encore. Elle reprend conscience après quelques minutes et se convainc qu'elle est bien vivante. La scène n'a pas changé : l'agresseur est debout, au-dessus d'elle, et la toise avec dédain. Désorientée, elle rampe à ses pieds, le visage ensanglanté, l'allure méconnaissable.

— Donne-moi tout ton argent! lui ordonne encore une fois son bourreau.

— J'en ai un peu dans l'armoire, dit-elle, confuse. Mais je ne peux pas me lever!

Il lui tend la main. La vieille dame hurle de douleur en se redressant. Il l'a probablement frappée à coups de pied quand elle gisait au sol. Deux de ses côtes sont fracturées et son genou gauche lui fait horriblement mal. Sous l'effet de l'adrénaline, elle fait quelques pas, titube jusqu'à l'armoire où elle conserve une partie de ses billets de banque. Elle lui remet 60 dollars. Il n'est pas content.

— Et la monnaie? demande-t-il sur un ton autoritaire.

Pour se débarrasser au plus vite de l'intrus, la frêle victime lui obéit docilement. De ses doigts crispés, elle fouille les recoins de son portefeuille et lui tend des pièces métalliques dont il la dépossède sans scrupule. Constatant qu'il n'obtiendra rien de plus, il claque la porte et s'enfuit en courant. Étourdie, Rose-Blanche tente de voir plus clair et cherche en vain ses lunettes en morceaux sur les tuiles de la cuisine. Craignant qu'il revienne la battre, affolée, la vision embrouillée, elle prend son courage à deux mains et traverse la rue principale de peine et de misère pour aller chercher du secours. En l'accueillant chez lui, blessée et en état de choc, son voisin d'en face est estomaqué.

— Rose-Blanche, qu'est-ce qui vous est arrivé?

— Quelqu'un m'a frappée!

L'alarme est aussitôt donnée. Rapidement, une auto-patrouille de la Sûreté du Québec arrive, gyrophares allumés, en soulevant sur son passage des nuages de poussière, aussi étouffants que l'inquiétude qui gagne plusieurs vieux villageois habitués à la tranquillité. Une courte chasse à l'homme est organisée. Selon des renseignements fournis aux policiers par des témoins, le criminel se serait enfui dans les champs de maïs. Il est finalement arrêté quelques minutes plus tard alors qu'il se prélasse sur un balcon du voisinage.

Cette capture ne signifie pas pour autant la fin du calvaire de Rose-Blanche. Elle revient chez elle, toute tremblotante, et s'assoit sur une chaise de la cuisine en attendant l'arrivée des ambulanciers. Deux jeunes policières les accompagnent.

— C'était rassurant de pouvoir compter sur des femmes pour ma sécurité, dit-elle à voix basse. C'est à ce moment que j'ai éclaté en sanglots. Mes nerfs ont lâché. J'avais mal. Je criais! Je criais!

Rose-Blanche est couchée sur une civière et hissée dans l'ambulance. Des amis regroupés devant sa maison la saluent d'un geste de la main, certains craignent de ne plus revoir la doyenne de la petite municipalité de sept cents âmes.

Les portières du véhicule d'urgence se referment avec fracas. Il fonce à vive allure vers l'Hôpital de Sorel. À l'entrée des urgences, des gardes de sécurité se retournent, surpris que les ambulanciers passent ainsi en coup de vent. Ils s'engouffrent dans un corridor bruyant, puis s'arrêtent subitement près d'un mur décrépit. Rose-Blanche continue à hurler son mal sans qu'une infirmière ou un médecin l'entende.

— Y'a pas de docteur pour me soigner? demande-t-elle en pleurs.

Son appel à l'aide est finalement entendu. Une équipe médicale apparaît et prend ses signes vitaux, sans plus de souci de son intimité qu'un mince rideau de toile sur rail qui la sépare des autres malades. Un médecin la soulage en lui injectant un puissant médicament qui la plonge dans un état second. Le mal s'estompe enfin.

— Je ne veux pas aller au procès, marmonne-t-elle. Je ne veux pas le revoir!

— Pas de problème, madame, lui répond avec respect un jeune policier qui pourrait être son petit-fils.

Dans un coin des urgences, Rose-Blanche est questionnée par des enquêteurs de la SQ. Ils doivent prendre sa déposition pour que des accusations soient portées contre son agresseur. Même si elle est en état de choc, elle reçoit une journaliste à qui elle raconte sa triste aventure. Les flashes du photographe de presse l'éblouissent. Elle est couchée sur le dos, vêtue d'une jaquette d'hôpital bleue, un drap blanc recouvrant ses jambes et son torse, sa main droite agrippée à la barrière métallique de son lit. Un des clichés fait la première page d'un quotidien surmonté d'un titre percutant: «Je lui ai dit de ne pas me tuer[76].»

Elle demeure une semaine à l'hôpital, jusqu'à ce que le médecin lui recommande d'aller dans une maison de repos le temps de reprendre des forces.

— Je veux retourner chez moi! C'est le seul endroit où je peux me reposer!

Mme Desrosiers ne veut le dire à personne, mais elle a peur, très peur. Aussitôt rentrée chez elle, elle fait installer un système d'alarme et verrouille toutes ses portes. Elle demande à son voisin d'en face de jeter régulièrement un coup d'œil vers son domicile au cas où des voleurs rôderaient à nouveau. Plusieurs fois par jour, elle arpente sa cuisine de long en large, soulevant délicatement le coin des rideaux pour

---

76. *Le Journal de Montréal*, jeudi 11 août 2011, p. 1 et 3.

regarder à l'extérieur sans être vue et s'assurer que personne ne viendra l'achever.

Elle a les traits tirés d'inquiétude et n'a presque pas dormi de la nuit quand je la rencontre, quelques mois après sa mésaventure. Elle m'ouvre craintivement sa porte et soupire de réconfort en voyant que je ne suis pas seul et qu'une femme, ma blonde, est à mes côtés.

— Quand ça cogne à la porte, je suis inquiète. Vous auriez pu être un voleur !

Je voudrais dissiper ses craintes en lui disant que, selon les statistiques, les infractions contre les personnes âgées demeurent stables et représentent seulement 2 % de l'ensemble des délits du même genre perpétrés au Québec[77]. Mais, avec le vieillissement de la population, le gouvernement du Québec reconnaît que le pourcentage d'aînés parmi les victimes pourrait s'accroître ces prochaines années.

Vivant souvent seuls et, surtout, ayant un réseau social qui s'étiole avec le temps, les aînés sont moins susceptibles de recevoir du soutien pour surmonter une expérience de victimisation. Les victimes âgées peuvent alors trouver difficile de faire de nouveau confiance aux autres et de se sentir en sécurité[78].

Je voulais savoir ce que Rose-Blanche ressentait, laissée à elle-même dans sa petite maison, sans aide médicale et psychologique.

— Il ne faut pas que ça recommence. Mon cœur ne le supporterait peut-être pas ! Qu'est-ce qui m'arriverait si je devais quitter ma maison ?

---

77. Bulletin d'information, ministère de la Sécurité publique, Québec, juin 2009, www.securitepublique.gouv.qc.ca/fileadmin/Documents/statistiques/prevention/criminalite_personnes_agees/criminalite_personnes_agees.pdf
78. *Idem.*

Pour Rose-Blanche, chaque jour est une répétition de la veille. Elle se lève très tôt, vers 5 heures, fait son lit, son petit déjeuner, sa vaisselle, son lavage, puis se repose. Peu importe la saison, elle enfile un chandail de laine douillet, s'assoit dans sa chaise berçante et se laisse aller au rythme de ses mouvements.

Au milieu de la cuisine, aux murs de lattes blanches et vertes qui n'ont pas changé depuis les années 1950, la femme aux cheveux blancs comme des nuages pense à son père, mort de vieillesse à 96 ans. Il lui arrive de pleurer, sans avoir personne pour la consoler, quand le décès de sa mère lui revient également en mémoire. C'était en 1975, dans la petite chambre située derrière elle. Elle sent le besoin d'y pénétrer de temps en temps, pour s'y recueillir quelques minutes, convaincue que l'âme de sa mère morte à 91 ans y rôde encore. Tout est resté pareil dans cet antre d'une autre époque. Le lit et les meubles en bois, achetés lors du mariage de ses parents en 1910, sont précieusement conservés, ainsi qu'une vieille chaise de la même essence de bois dur, qui se trouve dans un coin où Rose-Blanche est restée assise en silence durant de longues nuits pour veiller la malade. Sur les murs, de nombreuses images de Jésus protègent les lieux. Depuis que sa mère est morte, emportée par ce que Rose-Blanche qualifie de problèmes aux « rognons[79] » et aux poumons, personne n'a couché dans la pièce. La seule qui pourrait s'y reposer un jour, c'est elle, quand ses jambes n'en pourront plus de monter l'escalier exigu conduisant à l'étage supérieur et à son lit.

Rose-Blanche ne croyait pas vivre plus longtemps que sa mère. Maintenant que cela s'est produit, elle espère atteindre l'âge respectable qu'avait son père. Non qu'elle veuille battre un record de longévité familiale, mais la mort ne lui dit rien qui vaille. Comme son paternel, un solide cultivateur enraciné

---

79. Reins humains.

dans sa terre, elle n'a presque jamais quitté son patelin, si ce n'est pour aller enseigner dans les villes et villages voisins. Elle est devenue « maîtresse d'école » en 1935, une des rares voies ouvertes à l'époque aux femmes de bonne éducation. Elle s'est donnée corps et âme à ses élèves de niveau élémentaire durant plus de trois décennies, préférant sa vocation et le célibat aux prétendants et au mariage.

Quand elle devait s'occuper d'une classe, à des dizaines de kilomètres de la maison de ses parents, elle louait à contre-cœur une chambre pour se rapprocher de son travail. Chaque soir, elle se sentait à l'étroit, coincée entre un lit de fer forgé et un bureau pour corriger les devoirs. Elle gardait cependant le moral, car, à la fin de l'année scolaire, elle reviendrait sur la ferme familiale pour aider aux semences, aux récoltes, mais surtout pour semer et récolter l'amour des siens, qui nourrissaient une grande partie de son existence.

Il n'y avait rien de plus épanouissant que ces espaces verts à perte de vue, ainsi que l'odeur de la terre noire et fertile gorgée d'eau, noircissant ses mains laiteuses et délicates. Aucun son du terroir ne lui était inconnu : les chants des oiseaux aux coloris harmonieux, les beuglements des animaux de la ferme, les ronronnements des moteurs des tracteurs dans les champs. Elle était en sécurité, loin des clameurs de la ville. C'est pour cette raison qu'après la mort de ses parents elle est devenue propriétaire de la résidence ancestrale.

Rose-Blanche continue à se bercer en racontant son passé et se tait un instant pour laisser le tic-tac de l'horloge mural cadencer ses pensées.

— Il y a une quarantaine d'années, un de mes neveux et sa mère ont aussi été assaillis par un voleur, dans leur maison, près d'ici. C'était horrible. Il y avait du sang partout. Ils sont venus demeurer durant cinq mois avec moi. On croit que cela n'arrive qu'aux autres. Je comprends aujourd'hui ce qu'ils devaient ressentir !

Même si son agresseur a écopé d'une peine de quatre ans d'emprisonnement, elle est anxieuse, craignant qu'il s'enfuie pour revenir se venger.

Jonathan Rail, originaire du Nouveau-Brunswick, était déjà recherché pour vol, introduction par effraction, voie de fait et non-respect de ses conditions. Il demeurait depuis peu dans le village, où il effectuait des travaux chez des voisins, et a certainement épié les gestes de Rose-Blanche avant de s'en prendre à elle. Il est prouvé que 70 % des personnes âgées victimes de ce genre de crime connaissent leur agresseur[80].

— Ces bandits-là devraient passer leur vie en prison ! Je n'ai jamais volé, moi ! J'ai été éduquée !

En fait, la seule fois où Rose-Blanche a commis un larcin, c'est quand elle était enfant. Avec son frère, elle a osé prendre de la rhubarbe dans le jardin de leur oncle sans lui demander la permission. Quand leur père l'a appris, il les a obligés à restituer leur butin et à présenter des excuses.

Sous sa longue jupe de coton, elle frotte doucement son genou gauche recouvert d'un bandage beige, séquelle permanente de son agression.

— Des fois, c'est comme du feu ! D'autres fois, c'est engourdi. J'endure mon mal !

Ce qu'elle a trouvé le plus douloureux, c'est d'avoir été abandonnée par le système de santé, comme si rien de traumatisant ne lui était arrivé. Comme Rose-Blanche fait partie de ce que les fonctionnaires appellent « la clientèle vulnérable », celle des personnes très âgées, un CLSC lui a trouvé un médecin de famille pour assurer un suivi après son hospitalisation. Or, toutes les fois qu'elle réussissait à joindre la secrétaire de la clinique, on lui répondait qu'il n'était pas disponible et qu'elle pouvait se rendre aux urgences.

---

80. Bulletin d'information, ministère de la Sécurité publique, Québec, juin 2009, p. 6.

— Elle me disait de ne pas téléphoner avant le 16 du mois parce que l'horaire du docteur n'était pas encore prêt. Je téléphonais le 16 et elle m'invitait à rappeler le 26. C'est pas des affaires à faire quand t'es vieille et malade !

Ce n'est que huit mois après son agression que Rose-Blanche a pu avoir un rendez-vous. Entre-temps, elle a été contrainte d'aller faire la file dehors, un matin glacial de décembre, devant une clinique sans rendez-vous, parce qu'elle avait beaucoup de difficulté à respirer. Complètement frigorifiée, elle a attendu son tour durant près de deux heures, au milieu des plaintes des enfants et des adultes aux toux déchirantes. Quand finalement elle a pu être examinée, on lui a dit qu'elle avait une pneumonie. Heureusement, elle a pu être traitée sans être hospitalisée.

— Ils regardent votre dossier, et quand vous dépassez 90 ans, ils ne veulent plus s'occuper de vous. Crevez !

Justement, Rose-Blanche ne veut pas crever. Il y a quelques jours, un voisin l'a une fois de plus déposée au supermarché. Appuyée sur son panier d'épicerie pour ne pas tomber, elle a acheté un jambon, du poulet et tout ce qu'il faut pour faire plusieurs tartes. Elle a ensuite convié deux de ses neveux et leurs familles à une journée de retrouvailles. Même si elle était très fatiguée, cela lui a changé les idées de jouer avec les bébés, d'imiter leurs gazouillis, de retomber un moment en enfance, de savoir que des personnes l'aiment encore. C'est ce qui lui reste de plus précieux.

Rose-Blanche nous raccompagne sur son vieux perron. Elle ne s'aventure pas au-delà de cette limite et prend soin de regarder aux alentours, redoutant encore une fois la venue d'un truand. Avant qu'elle referme sa porte et la verrouille à double tour, je me permets de l'embrasser sur la joue, comme je le faisais quand j'avais la chance d'avoir ma grand-mère à mes côtés. Je lui souhaite de devenir une centenaire heureuse, au milieu de la douceur de ces champs à perte de vue où elle n'a jamais cessé d'aimer la vie.

— Quand le bon Dieu viendra me chercher, il faudra bien que je parte, mais ça peut attendre. J'ai encore toute ma tête et de l'ouvrage à faire ! Qu'on nous laisse vieillir en paix sans vouloir nous tuer !

La mémoire, c'est comme les amis ; elle vous laisse souvent tomber au moment où on en a le plus besoin. »

PROVERBE ESPAGNOL

Il m'arrive quelquefois, à cause de ma vie trépidante, d'oublier ce que j'ai fait quelques jours auparavant. Je m'arrête quelques secondes pour y penser et cela me revient à l'esprit. J'ai horreur d'égarer mes clés, un cahier de notes, de ne pas me souvenir d'un numéro de téléphone. Cela se produit quand mon cerveau déborde de projets, de choses à faire. Alors je m'inquiète un peu et je me demande ce qui se produirait si par malheur je perdais graduellement l'usage de la mémoire, comme c'est le cas de nombreuses personnes que je rencontre dans des résidences et des hôpitaux.

Savoir que le principal organe de mon système nerveux ne réussit plus à enregistrer ce qui vient de se passer me ferait peut-être paniquer. Je n'ose pas imaginer ce que cela peut représenter de se voir dépérir sans que personne puisse rien faire pour contrer la terrible maladie qu'est l'Alzheimer. Ce mot, qu'on entendra de plus en plus prononcer, à cause du vieillissement de la population, n'est pas très vieux. C'est le nom de famille d'un médecin allemand, Alois Alzheimer, qui a été le premier, en 1906, à décrire les symptômes de cette maladie, dont souffrait une femme de 51 ans. Plus d'un siècle après cette découverte, les spécialistes estiment qu'au Québec un baby-boomer sur cinq sera touché par l'Alzheimer[81]. Ils sont environ 120 000 actuellement, mais ils seront plus de 300 000 en 2038[82].

Ces données inquiétantes, inscrites dans mon calepin de notes, me sautent aux yeux pendant que nous nous dirigeons, mon caméraman et moi, vers l'Hôpital du Haut-Richelieu. Les enfants d'un homme de 73 ans m'ont contacté pour dénoncer la triste situation où se trouve leur père. Sans attendre leur arrivée, la propriétaire de la résidence privée où il habitait depuis seulement trois mois a décidé quelques jours plus tôt de l'envoyer en ambulance aux urgences de l'hôpital. Elle jugeait que Gérard Gaucher, atteint depuis quelques années de la maladie d'Alzheimer, était devenu tout d'un coup plus agressif verbalement avec les sept autres résidants de son petit centre d'hébergement. Elle craignait pour leur sécurité et ne savait plus quoi faire.

— Si j'avais attendu que le CLSC s'occupe de M. Gaucher, cela aurait pris au moins trois semaines, m'a-t-elle dit. La seule solution était de l'envoyer à l'urgence. Ils vont plus rapidement lui trouver une place adaptée à ses besoins.

— Mais pourquoi n'a-t-elle pas attendu qu'on soit là? se demande Michel, un des fils de M. Gaucher. On ne doit jamais laisser seule une personne atteinte d'Alzheimer!

— On ne peut pas toujours attendre la famille. Il faut agir vite, rétorque la propriétaire, qui dit avoir agi de la sorte après avoir consulté au téléphone un médecin de famille.

Gérard Gaucher est donc arrivé en ambulance à l'Hôpital du Haut-Richelieu, effrayé par ce qui se passait autour de lui, avec pour seul bagage sa carte d'assurance maladie. Désorienté, il avait perdu tous ses repères et était troublé par

81. Sarah Champagne, «Journée mondiale de l'Alzheimer: la recherche appelle à l'aide», *La Presse*, Montréal, 21 septembre 2011, p. A14.
82. Fédération québécoise des Sociétés Alzheimer, *Rapport annuel 2009-2010*, p. 9.

des bruits confus et les lamentations inquiétantes des autres malades. Au triage, l'infirmière ne savait pas de quoi souffrait cet homme apparemment en parfaite santé. Il est vrai qu'aux urgences on est plus habitué à soigner des personnes souffrant de traumatismes physiques que des gens âgés atteints de démence.

La fille de M. Gaucher est accourue à son chevet le plus rapidement possible, après avoir appris son transfert. Le pauvre homme est demeuré une journée dans une salle d'observation avant d'être conduit à l'unité de gériatrie, où la seule place disponible qui l'attendait était un lit dans un corridor. C'est là qu'il a dû dormir durant huit jours, la plupart du temps recroquevillé en position fœtale pour se protéger du monde extérieur.

L'unité de gériatrie de l'Hôpital du Haut-Richelieu occupe environ la moitié d'un étage. Les portes sont constamment barrées pour éviter les fugues des patients, et il faut un code pour y avoir accès. Les chambres entourent le poste de garde des infirmières et des préposées où se rassemblent constamment des patients, attirés par les mouvements du personnel soignant. Un peu plus loin, devant une grande fenêtre, des vieillards assis dans des fauteuils roulants regardent à l'extérieur sans jamais détourner le regard. Ils ont l'air de fixer l'horizon comme s'ils rêvaient de s'envoler, libérés de toutes les contraintes que la dégénérescence leur impose.

M. Gaucher, lui, se promène au bras d'une autre patiente de son âge, avec qui il s'est lié d'amitié. Ils marchent sans cesse dans les corridors en se racontant leurs plus vieux souvenirs, les seuls restés intacts, car leur mémoire à court terme est très affectée. Ils ne semblent pas pour autant malheureux, bien au contraire, et sourient en passant devant moi. On dirait qu'ils sont les figurants d'un film sur le troisième âge, déambulant sur une promenade imaginaire et admirant au passage le paysage que leur matière grise invente avec fantaisie au gré de leurs pas. Le fils de M. Gaucher réussit à interrompre momentanément ses allées et venues et à l'attirer dans la chambre semi-privée qui lui a finalement été attribuée.

— Comment ça va, papa ?

— Très bien. On s'occupe bien de moi.

La discussion est brève. Le septuagénaire ne tient pas en place et recommence à marcher. Il n'a vraiment pas l'air mal portant. Tout dans son allure indique la santé : ses cheveux gris abondants, la rougeur de sa peau très peu ridée, sa taille svelte, ses petites lunettes qui lui donnent l'apparence sérieuse d'un homme d'affaires. M. Gaucher a toujours été très actif et a travaillé durant presque toute sa vie dans la construction et l'entretien de bâtiments. Je suis convaincu qu'il n'a jamais pensé finir ses jours ainsi. Quand il a accompagné son ex-épouse cancéreuse dans la mort, il y a quelques années, il a cru que cela lui arriverait probablement à un moment ou à un autre. Perdre la mémoire était le dernier de ses soucis. Depuis, il a oublié ce qu'il pensait de la mort.

Ses enfants ont tenté de le garder à son domicile le plus longtemps possible, mais n'ont pas eu d'autre choix que d'alerter son médecin quand ses oublis se sont multipliés. Une journée d'hiver, il s'est absenté durant plusieurs heures de sa résidence pour finalement être retrouvé par les policiers, peu vêtu, déambulant comme un touriste sur un long boulevard. Il était parti à la recherche de l'ancienne maison où il avait habité et de son passé dont les images défilaient dans sa tête.

Il y a moins d'un an, il est venu une première fois dans cette même unité gériatrique de l'hôpital afin d'y subir une évaluation complète. Lorsqu'il a reçu son congé, deux mois plus tard, le conseil de famille a décidé de l'envoyer dans un centre d'hébergement privé, moyennant 1 800 dollars par mois. Mais tout est à recommencer maintenant que la propriétaire l'a envoyé à l'hôpital.

— Les gens atteints d'Alzheimer ont besoin de stabilité, clame son fils Michel. Ceux qui dirigent le système de santé le savent, mais ils continuent quand même à les promener à gauche et à droite !

Gérard Gaucher ne se souvient plus de notre visite. Avant même que nous ayons mis les pieds dehors, il a repris sa balade, toujours la même, passant devant le poste de garde, remontant ensuite le premier corridor jusqu'aux grandes fenêtres où sont alignés des malades en lourde perte d'autonomie, pour finalement revenir de l'autre côté du service en saluant au passage les préposées. Il tournera ainsi, comme un oiseau en cage, jusqu'à ce que quelqu'un lui ouvre la porte pour l'orienter vers une résidence publique qui accepte les cas les plus lourds. Malheureusement, les places ne sont pas nombreuses, alors il attendra son tour durant des jours, des semaines. Quand il réussira à sortir de l'hôpital, il devra aller là où le centre de santé et de services sociaux aura choisi de l'héberger temporairement, en attendant une place permanente dans un lieu choisi par ses enfants. Cela aussi pourrait prendre du temps, et cette attente interminable devient insupportable pour la famille, qui se sent désemparée par la lente et irrémédiable transformation de leur père.

Martine Milette assiste, elle aussi, à la détérioration de sa mère de 67 ans. Elle a également reçu un diagnostic de la maladie d'Alzheimer il y a deux ans et n'est plus que l'ombre d'elle-même.

— Mon souhait, c'est de garder le plus longtemps possible ma mère à la maison. Avec toutes les promesses des politiciens, on croyait que le gouvernement allait nous aider. Je crois qu'on a mal compris. Il n'y a pas de soutien, sauf si on décide de l'envoyer dans une résidence publique prochainement. De cette manière, en attendant qu'elle obtienne une chambre, des employés du CLSC pourraient la visiter chez moi.

Chaque semaine, Martine Milette doit débourser entre 600 et 800 dollars afin que des préposées s'occupent de sa mère vingt-quatre heures sur vingt-quatre. Depuis le premier jour, lorsqu'elle a constaté que sa mère oubliait continuellement ses clés, plaçait des œufs et du jambon dans des tiroirs, Martine Milette se sent coupable de ne pas en faire davantage pour l'aider.

— Le CSSS nous a suggéré de la placer, mais je ne peux pas m'y résoudre. Quand j'ai demandé si je pouvais visiter le centre d'hébergement public qu'on nous suggérait, on a refusé en prétextant qu'il ne s'agissait pas d'une séance de magasinage ! Nous sommes allés voir d'autres centres d'hébergement privés et j'en suis revenue anéantie. Quand tu demandes à une préposée quelles sont les activités de la journée et qu'elle répond qu'il y a le chapelet à 9 heures le matin, il y a de quoi s'interroger. J'ai aussi vu des résidants, immobiles, assis devant une fenêtre durant des heures. Ils ne faisaient rien et personne ne leur adressait la parole ! Il y a certainement de bonnes résidences, mais, à mon avis, plusieurs ne sont vraiment pas conçues pour prendre soin correctement des personnes atteintes d'Alzheimer.

Elle souhaiterait plutôt obtenir une place chez Carpe Diem, à Trois-Rivières, mais la liste d'attente est longue. Carpe Diem, qui tient son nom de la locution latine signifiant « Mets à profit le jour présent », est un organisme communautaire logé dans un ancien presbytère de briques brunes construit dans les années 1940. Il est relié à une église et ceint comme un cadeau d'un grand balcon blanc. Ce présent, Nicole Poirier, la directrice de Carpe Diem, l'a offert à des personnes atteintes d'Alzheimer, en 1996, en louant la grande maison à la fabrique de la paroisse. Dix ans plus tôt, en 1985, alors qu'elle venait d'obtenir un diplôme en administration et célébrait ses 21 ans, elle s'était mise à s'intéresser aux personnes âgées et avait fondé une résidence privée dans la maison de ses parents.

— Un jour, une résidante atteinte d'Alzheimer âgée de moins de 65 ans a été transportée à l'hôpital à la suite d'une chute. Quand je lui ai rendu visite, elle était très médicamentée et attachée à son lit. Elle faisait un délirium en raison de son hospitalisation.

Nicole Poirier ne cesse de penser à ce qui se passe dans la tête de cette femme qu'elle aime tant, mise au rancart de la société alors qu'elle est en train de perdre son identité, et lui fait la promesse de secourir le plus grand nombre de personnes âgées dans la même situation. Elle poursuit des études en psychogérontologie et en administration publique afin de mieux comprendre les aînés et les méandres du système de santé. Carpe Diem ouvre ses portes en 1996, sans subvention ni soutien gouvernemental. L'accueil des premiers résidants se concrétise, mais difficilement, et en 2003 une aide financière de 600 000 dollars du gouvernement du Québec empêche de justesse sa fermeture. Cette somme permet l'hébergement de quinze résidants, le fonctionnement d'un centre de jour, le maintien de chambres de répit et l'accompagnement à domicile pour permettre aux aidants naturels de se reposer. Cela demande du personnel compétent. La subvention ne permet pas de payer les salaires des quarante employées à temps partiel et à temps plein, issues de tous les milieux et triées sur le volet pour leurs valeurs humaines. Elles sont pour la plupart éducatrices, préposées, ex-enseignantes, mères de famille. Il faut aussi les former pour qu'elles aient une bonne connaissance des différentes maladies apparentées à l'Alzheimer. Mais cela ne décourage pas Nicole Poirier. Avec l'aide de la communauté, elle crée la Fondation Maison Carpe Diem. Tout le monde met la main à la pâte pour amasser annuellement 600 000 dollars supplémentaires lors de campagnes de collecte de fonds.

Quand j'entre chez Carpe Diem, j'ai la drôle de sensation d'ouvrir une boîte à souvenirs. Une odeur suave et réconfortante de plats mijotés flotte dans l'air et me rappelle les repas cuisinés par ma grand-mère. Elle habitait une maison semblable, avec une vaste cuisine ensoleillée, des plafonds très hauts et une dépense dans un coin, c'est-à-dire un garde-manger garni de tablettes où elle rangeait les denrées non périssables. Lorsque j'étais petit, je lui demandais de jouer à la cachette avec moi. Je me réfugiais presque toujours dans sa dépense afin qu'elle me retrouve facilement et me prenne dans ses bras.

Si elle avait vécu plus longtemps, elle aurait peut-être ressemblé à cette très vieille dame endormie paisiblement dans une chaise berçante près du réfrigérateur, insensible au bruit des spatules dans les plats de vitre et des lames de couteau sur les planches à découper. Une dizaine de personnes finissent de préparer le repas du midi, sans que je puisse distinguer les employés des résidants, transformés en cuisiniers.

— Cela fait partie de l'approche de Carpe Diem, me dit Nicole Poirier. Tous participent à la vie quotidienne en fonction de leurs capacités et de leur motivation. Les personnes que nous accueillons ont des forces, pas seulement des faiblesses. Elles les expriment en préparant les repas, en faisant la vaisselle, en marchant et en s'amusant. Ce n'est pas parce que vous êtes atteint d'Alzheimer que vous ne ressentez plus le besoin d'être utile et d'avoir une certaine reconnaissance !

Dans une petite pièce attenante à la cuisine, quatre femmes aux cheveux gris sont réunies autour d'une table sur laquelle sont disposés des coffres de manucure. Elles chantonnent à mi-voix des airs joyeux et ressemblent à des petites filles turbulentes, surprises pour la première fois à jouer avec les objets précieux de leur mère. Elles sont jolies avec leurs joues d'un rouge vermeil et leur absence de prétention. Elles restent de longues minutes à contempler leurs mains et leurs ongles colorés, en essayant de retrouver leur âme de gamine.

D'autres pensionnaires ne sont pas capables de rester aussi longtemps en place. Une dame, qui n'a pas plus de 60 ans, marche sans arrêt dans le corridor et me dévisage en se demandant probablement si elle m'a déjà rencontré quelque part. Je lui parle tranquillement pour ne pas l'effrayer. Elle me sourit, mais aucun mot ne parvient à sortir de sa bouche crispée. Son regard est à la fois doux et hagard. Elle poursuit son chemin, prisonnière de ses pensées, ouvre une porte et disparaît dans la grande cour extérieure. Aucun accès n'est interdit.

— On essaie de trouver le juste milieu entre la liberté et la sécurité. Plus une personne va se sentir enfermée, limitée dans ses déplacements, plus elle va avoir envie de se sauver. Après ça, on dira qu'elle fugue, alors qu'elle a juste envie d'aller dehors, de retourner chez elle. Le système de santé définit principalement les besoins de façon médicale plutôt qu'humaine, déplore Nicole Poirier. Par exemple, on a de la difficulté à reconnaître que la personne atteinte d'Alzheimer a besoin de marcher. On mettra ça sur le compte de l'errance !

Grâce à cette ouverture d'esprit, les escapades sont exceptionnelles. La dernière remonte à plusieurs mois quand un résidant a poursuivi sa marche quotidienne jusqu'en fin de soirée. Il s'est payé une croisière touristique de quelques heures sur le Saint-Laurent, attiré par un orchestre rétro à bord d'un navire amarré au quai de Trois-Rivières. Avant la nuit, il est revenu de lui-même comme si de rien n'était.

La musique qu'il a entendue cette soirée-là devait être aussi émouvante que celle qui jaillit soudainement du salon de Carpe Diem. Le fils de Mme Poirier fait courir ses mains sur le clavier d'un vieux piano, pendant que quelques pensionnaires, assis sur les sofas, tapotent sur les accoudoirs en suivant la cadence ou en fredonnant les airs anciens dont ils se souviennent. Je demeure debout près d'eux pour les admirer. Je les imagine plus jeunes, sans problème de santé. J'aimerais savoir d'où ils viennent, ce qu'ils ont fait dans la vie, et surtout ce qui a pu provoquer l'Alzheimer. Il est étonnant que personne ne puisse dire avec certitude ce qui cause cette maladie neurodégénérative.

— Venez, je vais vous montrer ma chambre, me chuchote une dame qui s'est approchée de moi.

C'est la mère de Nicole Poirier. Elle réside ici depuis quelques années. Elle monte le grand escalier de bois avec précaution, comme les intervenants le lui ont montré, et se met à chanter.

— Je vous invite à venir chez moi… tralala…

La pièce est grande et très éclairée. Il y a plusieurs photos de famille sur les meubles et les murs.

— C'est mon mari! Je l'ai toujours en mémoire!

Elle me montre un cliché de son époux dans un petit album rose placé sur une commode. Il est mort. Elle ne se souvient pas que ça fait déjà quatre ans.

— On a des chevaux à l'hippodrome. Il y en a que j'ai vu naître. Ils me reconnaissent quand je vais à l'écurie!

Elle ne cesse de penser à ses animaux, croyant fermement qu'ils sont encore vivants alors que cela remonte à quarante ans.

— Qu'est-ce que ça vous fait de regarder vos photos?

— Quand je suis seule, j'ai souvent des larmes, se surprend-elle à me dire, dans un moment de lucidité. Des fois, je me couche et j'essaie de me rappeler ce que j'ai oublié. Que j'aimerais donc avoir de bonnes pilules pour y arriver!

La maladie l'a frappée il y a quelques années et progresse très lentement. Elle ne fait pas son âge, avec son air espiègle et ses répliques cinglantes, désinhibées.

— Quel âge avez-vous?

— Quarante-huit ans, mon chou!

En vérité, elle a 84 ans. Elle inverse volontairement les chiffres, ce qui semble lui donner par moments l'énergie d'une quadragénaire.

— Savez-vous ce qu'est l'Alzheimer?

Elle ne répond pas à ma question et me fixe pour me garder présent dans son esprit.

— Je ne t'oublie pas pour le moment… Tu m'as dit ton nom tantôt… Je ne m'en souviens plus. Ça va me revenir.

— Est-ce que vous trouvez ça difficile d'oublier?

— Il faut que je l'accepte sinon j'aurais trop de peine. Une chance que mes sept enfants, mes quinze arrière-petits-enfants m'aiment, me confie-t-elle dans un autre instant de clairvoyance.

Ses yeux sont pleins d'eau. Ses mains caressent les photos et les souvenirs qui meublent sa chambre et sa mémoire. Plusieurs fois par jour, elle se retire durant quelques minutes et s'assoit sur son lit pour regarder les nombreuses images de sa famille. Elle s'exerce à tous les nommer à tour de rôle, dans l'espoir de retarder le jour où elle ne les reconnaîtra plus.

Avant de la quitter et de descendre les marches, j'aperçois dans l'entrebâillement d'une porte une femme assise sur son petit lit, sa chatte d'Espagne sur les genoux. Elle la flatte machinalement. On me dit que c'est la plus jeune des résidantes. Elle est dans la cinquantaine et a commencé à venir ici lors de visites de jour, il y a quelques années. Au début, elle devait retourner quotidiennement chez elle, faute de place pour la garder. Une quarantaine d'autres personnes font présentement la même chose. Elles attendent une chambre. C'est sans compter tous les autres malades qui reçoivent de l'aide à domicile quelques heures par semaine en ignorant ce que l'avenir leur réserve.

— Ça prendrait d'autres maisons Carpe Diem, mais étant donné que nous n'entrons pas dans le moule de la bureaucratie, les politiciens nous ignorent, sauf en campagne électorale ! Actuellement, les centres d'hébergement sont financés principalement sur la base des pertes physiques des résidants. Plus la perte d'autonomie est grande, plus le budget est important. Il n'y a pas d'incitatif financier au maintien de l'autonomie. La forme actuelle de financement a des effets pervers, surtout lorsqu'une personne marche et nécessite une attention particulière. Le recours aux contentions chimiques, c'est-à-dire aux médicaments comme les neuroleptiques, devient alors le moyen privilégié pour asseoir une personne et éviter les sorties à l'extérieur.

Si le Québec tarde à reconnaître le modèle innovateur de Carpe Diem, des Français ont commencé à importer cette approche afin de faire face au fléau qui touche plus de 700 000 personnes dans l'Hexagone[83]. Des centres doivent aussi ouvrir leurs portes en Belgique.

Les chiffres font frémir : 34 millions de personnes dans le monde sont touchées par l'Alzheimer. Ce nombre triplera d'ici quarante ans parce que les gens vivent plus longtemps[84]. Comment va-t-on soulager toutes ces personnes ? En attendant de trouver un médicament pour les guérir, les recherches pour ralentir l'évolution de la maladie s'accentuent.

À Montréal, la plus importante banque de cerveaux au Canada, fondée en 1980, contient plus de 3 000 spécimens, la plupart du temps légués à la science par des personnes qui ont signé une formule de consentement longtemps avant leur décès. Elles voulaient ainsi participer à leur façon à la recherche et à la découverte d'un remède.

— Il y a des signes biologiques qui ne trompent pas, m'explique le Dr Naguib Mechawar, directeur de cette banque très particulière située à l'Institut Douglas. Chez ces malades, le cerveau présente des lésions caractéristiques. De plus, chez ceux qui souffrent d'un stade avancé de la maladie, le cerveau a considérablement diminué de volume.

Des chercheurs de l'université de Californie à San Francisco croient, pour leur part, que la moitié des cas d'Alzheimer pourraient être liés à des facteurs tels que le tabagisme, l'obésité, l'hypertension, la sédentarité, le diabète, la dépression, le manque d'activité intellectuelle. Nous ne sommes qu'aux balbutiements des découvertes. On ne sait pas grand-chose de la démence, un terme médical qui fait référence à la

---

83. Dossier « Les secrets de la mémoire », *Le Nouvel Observateur*, 9-15 février 2012, p. 56.
84. Dominique Forget, « Prévenir l'Alzheimer ? », *L'Actualité*, 15 septembre 2011, p. 74.

perte progressive de la mémoire et de certaines capacités intellectuelles[85].

---

85. Judes Poirier et Serge Gauthier, *La Maladie d'Alzheimer, le guide*, Trécarré, Montréal, 2011, p. 36.

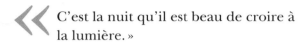

« C'est la nuit qu'il est beau de croire à la lumière. »

EDMOND ROSTAND, *Chantecler*

— La personne que j'étais a commencé à mourir. Je fais constamment face à une nouvelle femme qui s'installe en moi. Tant et aussi longtemps que je vais en avoir conscience, cela va me perturber.

Elle prononce ces mots troublants avec l'assurance de celle qui a fait son deuil avant même de mourir. Diane Ross est assise près de moi sur un banc, dans un parc du quartier où elle habite dans l'est de Montréal. Le soleil chaud de cette magnifique journée dore la couverture du livre que je tiens dans mes mains, *Des ombres dans la tête*[86], et qu'elle a écrit pour faire connaître la démence frontotemporale dont elle souffre et qui affecterait entre trois et quinze personnes sur 100 000.

— La plupart du temps, les gens atteints de cette démence sont diagnostiqués très tard, juste avant leur entrée en institution. Il faut s'interroger plus rapidement quand les comportements des personnes âgées changent de façon brutale. Il faut poser des questions.

Cette femme de 62 ans parle comme elle écrit. Son vocabulaire est à la fois doux et puissant, triste par moments, surtout quand elle évoque le terrible diagnostic qu'elle a reçu deux ans auparavant, après un léger AVC. Elle conservait

---

86. Diane Ross, *Des ombres dans la tête, Affronter la démence fronto-temporale*, Liber, Montréal, 2012.

d'étranges symptômes qui n'avaient rien à voir avec cette attaque, ce qui a poussé ses médecins à investiguer davantage. Le verdict est tombé à l'approche de Noël, alors qu'elle s'apprêtait à vivre une retraite bien méritée. Il n'existe aucun traitement curatif, seulement des médicaments neuroleptiques pour la tranquilliser. Elle est au premier stade de la maladie et doit apprendre à vivre avec des troubles de comportements si marqués qu'ils pourraient détruire ses relations avec ses amis et les membres de sa famille si elle ne recevait pas l'aide de professionnels de la santé. Elle souffre aussi d'atteintes à sa dignité : incontinence, perte d'inhibition, oublis, difficulté de concentration. Puis, un jour, viendront la confusion la plus totale et la perte de toute capacité de raisonnement.

— La démence est porteuse de grandes souffrances intérieures !

L'ancienne secrétaire de direction et adjointe de ministre sait que cela va la tuer à petit feu. Elle pourrait vivre encore dix ans, tout au plus.

— Je suis prête. Ma place en institution est réservée quand je serai devenue un fardeau trop lourd pour les miens. J'ai même acheté une poupée que je prendrai dans mes bras pour combler mes besoins affectifs quand je ne pourrai plus avoir de relations avec les autres.

— Avez-vous peur ?

— J'ai peur pour les gens que j'aime. Qu'est-ce que ça va leur faire vivre ?

Elle réfléchit quelques secondes à ce qu'elle tient absolument à me dire. Elle a peur d'oublier l'essentiel. La maladie la fait douter d'elle-même, de ses décisions.

— Ça me dérange de penser que je devrai être placée dans un centre d'hébergement, mais rendue à cette étape-là, je ne sais pas comment je vais me sentir. C'est l'inconnu.

Nous nous levons et marchons dans un sentier bordé d'arbres centenaires où elle est déjà venue seule de nombreuses fois pour méditer. On dirait que les érables forment une haie d'honneur juste pour elle, pour rendre grâce à sa dignité. Leurs feuilles qui s'agitent au vent sont autant de mains qui applaudissent son courage. Elle me parle tout aussi lentement qu'elle avance avec son déambulateur. Elle craint les ruptures prochaines. Viendra un moment où elle ne reconnaîtra plus ses cinq petits-enfants, qu'elle adore plus que tout au monde. Ils ne comprendront peut-être pas pourquoi elle n'aura aucune réaction quand ils prononceront le mot « Mamie ». C'est pour cela qu'elle a écrit qu'elle les aime dans son livre. Pour qu'ils n'oublient jamais.

— J'essaie désormais de vivre au jour le jour parce que ce serait trop terrible sans cela. La perte des miens, la perte de moi-même, de la beauté, de la vie, c'est beaucoup trop. Je me dis : « Diane, profite de chaque journée. Demain, ce sera autre chose. » De toute façon, demain, je deviendrai quelqu'un d'autre !

Je lui ai fait promettre qu'elle demanderait à ses amis et à ses fils de m'appeler quand elle ne pourra plus le faire. J'irai la voir avec sa poupée dans ses bras au centre d'hébergement. J'essaierai de la prendre par la main et je lui dirai simplement : « Diane, c'est moi, Harold », et peut-être, peut-être qu'elle aura la sensation, si infime soit-elle, d'être la même dans le cœur de ceux qui ne pourront jamais l'oublier !

L'amitié et l'amour que nous donnons aux autres ne peuvent jamais s'effacer.

Toi et moi étions différents. Nous venions de mondes différents et pourtant c'est toi qui m'as enseigné la valeur de l'amour. Tu m'as montré ce que c'était que de tenir à quelqu'un, et je suis un homme meilleur grâce à toi. Je veux surtout que tu n'oublies jamais cela. »

NICHOLAS SPARKS, *Les Pages de notre amour*

Lorsqu'ils se sont rencontrés, les canons grondaient et crachaient la mort sur les champs de bataille européens. Au moment où la Seconde Guerre mondiale faisait rage et divisait le monde, ils s'unissaient.

La façon dont ils se sont connus, l'endroit exact où leurs regards se sont croisés pour la première fois demeurent un mystère. C'était peut-être sous les arbres de l'ancien quartier ouvrier de Griffintown, dans le sud-ouest de Montréal, où lui, l'Irlandais, demeurait avec sa mère, ou encore près de l'avenue Bourbonnière, dans l'est de la métropole, où elle, la jeune femme d'origine canadienne-française, habitait.

Ce fut le coup de foudre. Ils se sont aimés tout de suite, mais ont réellement compris la signification de leurs sentiments mutuels quand ils ont dû se séparer. Roger Harkin s'est enrôlé dans la Marine royale canadienne, par conviction. Il naviguait près de Terre-Neuve et de la Nouvelle-Écosse, surveillant principalement la présence de sous-marins allemands le long des côtes. Heureusement, hormis une altercation durant laquelle un vaisseau ennemi fut coulé et ses marins faits prisonniers, le jeune homme put éviter de nombreux écueils.

Rien, pas même l'océan Atlantique déchaîné les jours de mauvais temps, ne l'empêchait d'écrire des lettres d'amour à celle qui l'attendait à Montréal. En recevant son précieux courrier, elle s'enfermait dans sa chambre pour s'enivrer de ses mots et les relisait plusieurs fois de suite pour les graver dans son cœur. Elle humait le papier empreint du salin de la mer que ses mains rugueuses avaient été les dernières à toucher et les imaginait, à son retour, en douces vagues successives sur sa peau.

Un an et demi après son départ, le marin est revenu à bon port. En jetant son baluchon à ses pieds, il l'a embrassée et lui a demandé de devenir sa femme. Malgré les réticences de sa famille, Fernande Lefrançois a épousé Roger Harkin quelques semaines plus tard, le 29 juin 1946, à l'église Saint-Pierre-Claver, boulevard Saint-Joseph. Les parents de la mariée ne comprenaient pas sa passion pour un anglophone sans éducation, mais ont fini par accepter son choix et se sont réjouis de leur bonheur en les regardant partir en voyage de noces dans les Laurentides. Ils n'avaient surtout pas oublié dans leurs bagages le certificat prouvant leur mariage devant l'Église catholique, obligatoire dans ce temps-là pour que de jeunes tourtereaux puissent louer une chambre d'hôtel.

Ils n'avaient pas beaucoup d'argent, ce qui ne les empêchait pas de s'aimer. Après leur lune de miel, les premiers mois n'ont pas été faciles. Ils ont dû partager la maison de la mère de Roger, le temps d'accumuler un peu de sous pour voler de leurs propres ailes. Le jeune homme a ensuite déniché un emploi de commis aux postes, où il a fait carrière. Fernande, en épouse accomplie, a pris soin de leurs quatre enfants, puis s'est trouvée du travail au CN, apprivoisant d'énormes ordinateurs qui envahissaient des salles entières.

Ils ont ensuite déménagé en banlieue, à Sainte-Thérèse, ont fait des voyages à Hawaï, en Grèce, en Italie. Ils ont pris leur retraite très tôt, à 55 ans. Pour passer le temps, ils avaient de nombreuses activités. Roger courait les marchés aux puces et ramassait toutes sortes d'objets souvent inutiles pour les revendre à des prix dérisoires.

Le temps a filé. Un jour, ils ont constaté qu'ils n'avaient plus la force d'entretenir leur maison. Ils l'ont vendue, ont loué un appartement dans une résidence pour personnes âgées autonomes.

— Un matin, mon père a tenté de se lever de son lit, mais il est tombé. Il était trop faible pour se relever, raconte son fils Robert.

À 85 ans, Roger Harkin aurait souhaité être aussi fort que le jeune homme qu'il avait été. C'était un fantasme impossible à réaliser. Il avait déjà de la difficulté à marcher, faisait du diabète, de l'hypertension artérielle, et combattait un cancer de la prostate. Malgré cela, il s'occupait constamment de sa Fernande. Elle commençait à être atteinte de démence et oubliait de s'alimenter ou de prendre ses médicaments.

— Une ambulance est venue le chercher après la chute de son lit. Il n'a plus jamais revu son appartement.

Roger Harkin a été hospitalisé durant cinq mois avant d'être placé dans un centre d'hébergement à Sainte-Thérèse, qui pouvait lui offrir les soins nécessaires à son état de santé.

— Ma mère était désemparée. Elle ne pouvait pas aller vivre dans le même CHSLD que son mari, car elle n'était pas assez malade selon les critères établis par le ministère de la Santé, explique sa fille Johanne. Elle pouvait marcher, se laver, mais elle oubliait de prendre ses médicaments et de manger !

À tour de rôle, ses enfants allaient la chercher chez elle pour l'amener voir son mari durant quelques heures. Puis, ils faisaient le chemin inverse, hésitant de plus en plus à la laisser seule dans son appartement.

— On a toujours été ensemble, Roger et moi. Pourquoi est-ce qu'ils veulent nous séparer ? répétait chaque jour Fernande.

Depuis le départ de son époux, elle avait perdu plus de 13 kilos. Il est vrai que sa mémoire la trahissait lorsqu'il était question de s'alimenter, mais la direction de son centre d'hébergement, où elle se sentait seule, a finalement découvert la véritable raison de ses absences à la salle à manger. Elle ne retrouvait plus sa carte prépayée pour obtenir ses repas et n'en parlait à personne.

Son état ne lui permettait plus de rester au centre. Elle s'est retrouvée durant quelques mois dans une résidence pour personnes âgées en perte d'autonomie mais nécessitant peu de soins. Comme elle voulait constamment fuguer pour aller retrouver son mari, elle a été placée à un étage où les portes étaient barrées. Une nuit, elle est tombée dans sa chambre et s'est grièvement blessée à un œil. À l'hôpital, des examens ont démontré qu'un léger AVC avait provoqué sa chute. Pour sa sécurité, le médecin a exigé que Fernande déménage dans un endroit pouvant lui offrir davantage de services.

L'Agence de la santé l'a alors affectée temporairement dans une résidence de Saint-Sauveur située à 45 kilomètres de Sainte-Thérèse. Fernande s'éloignait davantage encore de Roger. Ils avaient pris l'habitude de se parler au téléphone quand ils ne pouvaient pas se voir. Il leur était désormais difficile de communiquer, car cela aurait nécessité des appels interurbains. Pour les réunir, leurs enfants ont songé à les envoyer dans un seul centre d'hébergement privé, mais le prix astronomique demandé a eu raison de leur souhait. Ils auraient dû débourser 8 000 dollars par mois pour eux deux !

— Sans qu'on s'y attende, raconte Dorine, leur autre fille, nous avons finalement reçu un appel nous informant qu'une chambre venait de se libérer dans le CHSLD où résidait mon père. On nous a dit de venir sans délai pour ne pas perdre notre place !

En se mariant, Fernande et Roger avaient promis de vivre unis pour la vie, quelles que soient les difficultés qu'ils rencontreraient. Ils se retrouvaient enfin pour tenir leur promesse.

— Ma mère était tellement heureuse, se rappelle Robert. Elle a pris rapidement 7 kilos, à tel point que les préposées ont décidé de ne plus lui donner de dessert. C'était mal la connaître. Elle dégustait en cachette ceux de mon père, qui avait la dent moins sucrée !

Les amoureux avaient chacun leur chambre, à quelques mètres de distance l'un de l'autre. La plupart du temps, pendant la journée, Roger venait se coucher dans le lit de Fernande. Elle le regardait sagement dormir durant de longues heures, assise dans son fauteuil, puis le réveillait en lui disant de bouger s'il voulait guérir.

Au début, ils avaient assez de force et de motivation pour aller ensemble au bingo une fois par semaine dans une grande salle de l'établissement. C'était la même chose pour la messe. À la fin, ils se contentaient de prendre un peu de soleil à l'extérieur, soutenus par des bénévoles. Des gestes très simples suffisaient parfois à les rendre plus heureux. Une préposée venait chercher Fernande dans sa chambre et l'amenait boire une tasse de thé dans un salon. Une autre se faisait un plaisir de préparer à Roger un sandwich grillé aux tomates, car il adorait ça. Le couple en profitait, comme si chacun de ces petits plaisirs pouvait être le dernier.

— J'attends de mourir ! disait Roger, quand il restait assis dans son fauteuil, à regarder les murs de sa chambre.

— Je veux ouvrir la fenêtre et sauter en bas ! radotait de son côté Fernande.

Alors qu'elle avait toujours été très active, elle ne pouvait presque plus bouger. Le temps lui semblait une éternité. Elle réussissait à dormir à peine trois heures la nuit. Quant à lui, Roger restait éveillé tout au plus trois heures le jour. Tout à coup, l'état de Fernande s'est dégradé. Elle a fait un nouvel AVC. Son cœur est devenu très faible. Elle a sombré dans le coma.

— Allez, Fernande, lève-toi ! Il faut que tu guérisses ! lui disait à son tour Roger, en espérant qu'elle l'entende.

La journée précédant sa mort, ses enfants, ainsi que plusieurs de ses quatorze petits-enfants et arrière-petits-enfants, se sont réunis autour de son lit pour prier. Roger, assis dans son fauteuil roulant, enchaînait les supplications, malgré sa grande fatigue. Quand ils ont tous quitté sa chambre en fin de soirée, Fernande semblait dormir, soulagée par la morphine. Elle était seule quand elle est morte vers 3 heures du matin.

Aussitôt avertis, les enfants sont revenus au CHSLD. Le soleil venait de se lever. Dans un halo de lumière, ils ont vu leur père assis dans son fauteuil roulant, près de son épouse. Il ne priait plus et pleurait beaucoup. Des infirmières avaient choisi de le conduire dès que possible près d'elle, car elles savaient à quel point ils s'aimaient.

— Mon cœur est arraché, a-t-il dit faiblement, sans quitter des yeux le corps de Fernande.

Quelques minutes plus tard, après avoir salué leur mère, les enfants sont sortis de la chambre pour aller prendre un café à la cuisine avec leur père. Ils ont attendu patiemment que des employés de la maison funéraire emportent le corps pour finalement quitter les lieux en fin d'avant-midi.

— À tour de rôle, nous avons embrassé mon père, se souvient Dorine. Il avait séché ses larmes et paraissait serein. Il nous a tous pris dans ses bras, puis nous a regardés partir. Il ne s'était probablement jamais senti aussi seul au monde.

En septembre 2010, à son arrivée dans ce CHSLD, un médecin lui avait donné seulement quelques semaines à vivre. Contre toute attente, il avait survécu jusqu'à la mort de Fernande, le 12 avril 2012, puisant dans ses maigres ressources physiques pour ne jamais la laisser seule et l'accompagner jusqu'à la fin. Son épouse était sa dernière raison d'exister.

Trente heures après la mort de Fernande Lefrançois, Roger Harkin quittait à son tour le monde pour aller la rejoindre. Il y a eu une cérémonie religieuse à l'église, où une urne funéraire contenant leurs cendres réunies fut présentée au célébrant. La famille et des amis se sont ensuite retrouvés pour commémorer leur départ et leur rendre hommage après quatre-vingt-sept années de vie et soixante-cinq ans de mariage.

Au revoir, Mom et Dad. Nous ne vous oublierons jamais et nous vous garderons toujours dans nos cœurs. Nous savons que vous êtes au ciel avec Dieu et que vous ne serez plus jamais séparés.

Les enfants ont pris le temps de remercier le personnel du CHSLD Drapeau-Deschambault de Sainte-Thérèse pour avoir pris soin de leurs parents durant leurs derniers mois de vie et ont suggéré aux invités de lui faire des dons pour aider tous les autres résidants.

Les cendres de Fernande et de Roger ont été enterrées au cimetière Notre-Dame-des-Neiges de Montréal, près de celles de leur plus jeune fils, Danny, mort deux ans avant eux d'un cancer des poumons. Il avait 56 ans, et Fernande et Roger avaient été bouleversés, atterrés par son décès. Leur plus grande tristesse au cours de leur longue vie n'a pas été de vieillir ou d'être malades – cela fait partie du cours normal des choses –, mais de devoir souffrir du départ prématuré d'un de leurs enfants.

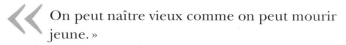 « On peut naître vieux comme on peut mourir jeune. »

JEAN COCTEAU

Certaines personnes semblent ne jamais vieillir. Elles ont toujours eu un certain âge ou un âge incertain. Elles sont parées d'une chevelure blanche ou n'ont presque plus de cheveux depuis longtemps. Des rides sont apparues et se sont multipliées avec le temps sans trop modifier l'apparence de leur visage. Il y a aussi des êtres dont le corps se fane plus rapidement que les autres, mais dont l'esprit conserve un éternel air de jeunesse. Et puis, vous l'avez certainement déjà constaté, le monde recèle des jeunes devenus vieux plus vite que les autres à force de brûler la chandelle par les deux bouts, ou encore, phénomène plus rare, des êtres humains ayant vécu très peu d'années sur terre, mais qui parlent et s'épanouissent comme des sages. La vieillesse prend toutes ces formes et n'a pas véritablement d'âge.

Il m'est arrivé de faire la connaissance d'enfants cancéreux, dans des hôpitaux pédiatriques, qui s'exprimaient avec une maturité d'adulte, certainement à cause de leurs souffrances. Je me suis aussi entretenu avec des adolescents très malades qui me semblaient avoir vécu plusieurs décennies tellement ils m'ont appris de grandes leçons de vie. Je n'ai malheureusement pas eu le temps de rencontrer l'une de ces jeunes, morte tragiquement à 16 ans. Ce qu'elle a légué à ses proches me prouve qu'elle était mystérieusement beaucoup plus vieille que son âge.

Son prénom se prononçait avec douceur, comme le vent chaud d'été qui soufflait légèrement quand sa famille et ses amis lui ont fait leurs adieux, réunis autour de ses cendres, dans une résidence funéraire de Mascouche, en août 2010. Elle s'appelait Shanelle. Sur la photo accompagnant la carte de remerciements envoyée à ceux qui l'aimaient, elle sourit. Ses cheveux châtains et soyeux se déploient sur ses épaules blanches, presque complètement dénudées. Un collier argenté, fin et délicat, épouse les formes de son cou et se marie au rouge écarlate de sa camisole. Elle n'aurait probablement pas aimé voir son image ainsi exposée, car elle était très réservée. Elle préférait être plutôt que paraître.

Shanelle avait disparu depuis un an quand sa mère m'a contacté pour que je raconte son histoire à la télévision. Elle ne voulait pas qu'un tel drame se reproduise. C'est en lisant le message inscrit dans sa carte funéraire que j'ai su que Shanelle n'était vraiment pas comme les autres.

Je suis certaine que vous n'avez jamais vu le ciel comme je le vois aujourd'hui, que vous n'avez jamais été aussi émus que moi par cette infinité bleue qui n'est rien de plus que le reflet des océans. Je suis certaine que vous n'avez jamais soupçonné que la caresse d'un nuage sur votre peau puisse à ce point vous faire frissonner. Je vous distingue au loin dans vos maisons qui semblent de porcelaine. J'aperçois jalousement l'innocence qui se cache derrière vos sourires incontrôlables. Lorsque je sourirai à présent, je sais que plus personne ne s'arrêtera pour contempler mon visage s'illuminer.

Ce texte a été écrit par Shanelle quelques mois avant sa mort. Elle était à la cafétéria de la polyvalente qu'elle fréquentait, a sorti un crayon et une feuille de son sac d'école et s'est mise à le rédiger sous les regards de ses amies. Puis, elle a rangé le tout. Ce n'est qu'à son décès que sa mère, stupéfaite, a retrouvé ces mots dans ses effets personnels, juste à temps pour les reprendre sur la carte de remerciements.

— Shanelle nous a laissé ce message comme si elle nous parlait du ciel! s'étonne Nicole Beauvais. J'ai toujours appelé ma fille « ma vieille âme », parce qu'elle avait cette capacité inexplicable de lire dans le cœur des autres et de ressentir les choses avant qu'elles se produisent.

Le rapport d'investigation du coroner Pierre Bélisle[87] explique en deux pages ce qui a entraîné la mort de Shanelle Maréchal. Tout débute par des vomissements que sa mère attribue à une gastroentérite. Le lendemain, elle a un mal de cœur persistant. La fièvre fait son apparition. Elle ne peut plus rien ingurgiter à part un peu d'eau. Durant la soirée, elle ressent d'atroces douleurs aux cuisses et aux jambes. Elle avale des Tylenol et essaie de se détendre en prenant un bain chaud, mais son état continue de se détériorer. Ses jambes ne la supportent plus lorsqu'elle tente de se relever. Son père accourt et l'aide à se mettre au lit. Elle grelotte. Ses lèvres sont sèches. Son corps a pris une coloration bleutée. Elle éprouve des problèmes respiratoires. Ses parents font des manœuvres de réanimation. Désemparés, ils composent le 911 à 2 heures du matin, puis une autre fois, six minutes plus tard. Les ambulanciers arrivent rapidement.

Shanelle délire. Son pouls est faible. Ils tentent l'impossible pour la sauver durant son transport vers l'hôpital, où l'équipe médicale des urgences prend le relais pour lui prodiguer des massages cardiaques et des soins intensifs. En l'examinant et en analysant ses symptômes, un médecin conclut à un choc septique causé par la présence d'un tampon vaginal qu'elle a gardé plusieurs heures et qui a libéré une bactérie

---

87. Rapport d'investigation du coroner Pierre Bélisle, avis A-175906, Victoriaville, 5 septembre 2011.

et des toxines mortelles dans son sang. Il est déjà trop tard. Cinquante-cinq heures après l'apparition des premiers signes, son cœur cesse définitivement de battre.

Enterrer son enfant est la pire chose qui puisse arriver à des parents. Cette phrase hautement symbolique, les parents de Shanelle l'avaient entendue des centaines de fois auparavant ; elle s'applique maintenant à eux. C'est un véritable cauchemar auquel il est extrêmement difficile de survivre. Alors que son père réussit à traverser cette épreuve malgré sa profonde tristesse, sa mère s'effondre et sombre dans la dépression durant de nombreux mois. Elle se sent coupable de la mort de sa fille et craint que les policiers ne l'arrêtent pour négligence criminelle ! Elle aurait dû envisager un choc septique puisqu'elle est infirmière auxiliaire.

— Vieillir avec la mort de Shanelle sur la conscience était impossible ! Je ne pouvais cependant pas me suicider, car je craignais de ne jamais la retrouver dans l'au-delà. Je me suis laissée aller en fumant, en mangeant mal et en buvant beaucoup de café. La maladie finirait par m'emporter !

Elle prend un coup de vieux. Ses articulations deviennent prématurément sensibles, ses cheveux blanchissent, l'anxiété ravage ses traits. Sa famille et ses amis lui conseillent de retourner travailler pour se changer les idées. Elle préfère rester assise durant de longues heures sur son sofa, le regard égaré, constamment plongé dans le néant. Elle cherche désespérément une réponse à la mort de Shanelle, allant même jusqu'à consulter des médiums. Pourquoi, six mois après sa mort, la radio de Shanelle s'est-elle mise à fonctionner dans sa chambre, sans que personne n'y touche ? Comment se fait-il que sa tirelire en porcelaine se soit fracassée sur son plancher ou que son ordinateur se soit allumé à quelques reprises durant la nuit ?

— Personne n'avait de réponses à me donner sur sa mort. Les explications, c'est finalement Shanelle elle-même qui me les a procurées.

Shanelle adorait écrire. Petite, elle voyait sa mère inscrire des notes dans son journal personnel et voulait faire la même chose. Très tôt, elle s'est mise à lire énormément, tous les Harry Potter, des livres de magie et d'aventures, Voltaire, Victor Hugo. Quand elle arrivait de l'école, elle s'enfermait dans sa chambre et passait de longues heures à inventer des histoires, à réécrire le monde à sa façon sur son ordinateur portable. Après son départ, Nicole Beauvais a retrouvé plusieurs de ses textes dissimulés un peu partout dans sa chambre. C'est en lisant tout ce que sa fille lui a laissé en héritage qu'elle a retrouvé le goût de vivre.

Il y a tout d'abord eu cette lettre qu'elle devait recevoir pour son anniversaire, que Shanelle avait écrite lors d'un travail scolaire. Elle était cachée soigneusement dans un de ses tiroirs. Nicole Beauvais l'a prise délicatement dans ses mains, s'est assise sur le lit de sa fille, a humé l'odeur sucrée de son enfant toujours présente dans la pièce remplie de souvenirs et a découvert avec beaucoup d'émotions ses phrases apaisantes.

Peut-être que cela n'a plus de valeur de voir les années défiler devant toi sans pouvoir les retenir, car tu te rends compte qu'un bout de chemin a été parcouru. Tu retournes voir en arrière et tu soupires. Tu es dans la fleur de l'âge, un âge où il faut profiter de chaque instant car il passe plus vite que jamais. Comme tout être humain tu as encore du chemin à faire, mais l'amélioration et la sagesse acquises feront évoluer ton âme encore plus loin que les limites de ton corps. Tu as encore une éternité de choses à vivre, à ressentir, à expérimenter et à aimer. Tu es une mère et une personne extraordinaire, qui aime au-delà des limites de l'amour. Tu es passionnée par ce que tu entreprends, tu es fière et tu pourrais sans une seule hésitation donner ta vie pour les autres.

— J'ai compris que la mort de Shanelle allait m'aider à grandir. J'ai appris beaucoup plus durant l'année suivant son décès qu'en quarante ans d'existence ! Étrangement, on aurait dit que Shanelle savait que son passage sur terre serait court. Sinon, comment expliquer l'existence de cet autre poème prémonitoire, composé vers l'âge de 12 ans, que j'ai aussi retrouvé dans ses affaires personnelles?

Libre dans la mort

Maintenant que je suis partie
Je ne pourrai plus vous voir sourire
Maintenant que je suis partie
Je ne pourrai plus vous entendre rire

À l'hôpital sur mon lit
La douleur brûle mes organes
Ton regard glacé me fixe
Tu lis la peur sur mon visage

La pluie de mes larmes fait entendre
La souffrance de la vie
Qui sera bientôt finie
Et qui ouvrira la porte des cieux

Maintenant que je suis partie
Je n'ai plus envie de crier
Maintenant que je suis partie
Je suis enfin libérée.

Shanelle était continuellement habitée par la mort dans ses travaux scolaires.

Chère amie,

Ma plume tremble douloureusement sur cette feuille, où l'encre et les larmes se mêlent dans une lutte sans vainqueur. J'ai le cœur déchiré, le visage souillé. Je te demande de me pardonner, je t'en prie, pour le mal que je vais causer. Tu es ma seule amie et je t'aime, mais je n'en peux plus de cette vie. Je serai bien mieux là où j'irai, peu importe dans quel monde ce sera. Je suis désolée.

Adieu

Le romancier français David Foenkinos, bien connu pour *La Délicatesse*[88], son livre à succès, a déjà dit : « Je me sens vieux depuis ma plus tendre enfance. J'ai en permanence la notion du temps qui s'échappe[89]. » Il expliquait ainsi sa fascination pour la vieillesse, toujours présente dans ses œuvres. Shanelle devait partager ce sentiment quand elle s'isolait du reste du monde pour écrire sur le cours du temps qui s'arrêterait brutalement. Elle n'était pas encore une écrivaine, mais le serait peut-être devenue avec de la persévérance. Deux ans avant sa fin tragique, elle a composé un roman fantastique, *Sanhara Evadeska*[90], que son professeur de français de troisième année du secondaire l'a fortement encouragée à publier. Le projet s'est concrétisé seulement dix mois après sa mort. Le lancement du livre s'est déroulé devant sa famille et ses nombreux amis, à l'école secondaire de l'Odyssée, à Terrebonne. Shanelle était intensément présente lorsque son enseignante en a lu un passage :

J'ai besoin de vous, besoin de votre présence près de moi, besoin de vous entendre me dire que vous m'aimez autant que je vous aime[91].

À ce moment, sa mère s'est étonnamment sentie libérée de sa culpabilité de n'avoir pu la sauver. Elle a finalement

---

88. David Foenkinos, *La Délicatesse*, Gallimard, Paris, 2009, 209 pages.
89. « De Vigan et Foenkinos : Des racines et des lettres », Entretien avec Benjamin Locoge, *Paris Match*, 25-31 août 2011, p. 15.
90. Shanelle Maréchal, *Sanhara Evadeska*, Éditions Les marchands d'idées, Montréal, 2011, 293 pages.
91. *Idem*, p. 293.

recommencé à travailler dans un hôpital et dans un centre de soins palliatifs pour accompagner les mourants, en pensant constamment à sa fille.

Cela faisait seize mois que l'adolescente avait disparu lorsqu'un autre événement inattendu s'est produit. Nicole Beauvais a reçu un appel de la directrice adjointe de l'Odyssée. Elle venait de découvrir une lettre écrite par Shanelle plus d'un an avant son décès. Dans le cadre de son cours de français de troisième année du secondaire, elle devait décrire comment elle s'imaginait à l'âge de 18 ans. Sa composition devait lui être remise par son professeur lors de son bal des finissants de cinquième année du secondaire. Shanelle est morte avant de pouvoir revêtir sa plus belle robe pour assister à cette soirée mémorable, et sa lettre avait jusque-là été oubliée dans un local. Son texte est troublant.

> *La sadique vérité s'était abattue sur elle. Une main tomba lourdement sur sa frêle épaule et elle sursauta de lassitude. Elle se retourna, le regard éteint, les pensées vides de sens et croisa le regard du destin. Ce dernier était beau et fier comme celui qui avait tout et savait en disposer. Il leva théâtralement le bras dans une grâce infinie et la magie se déchaîna. La jeune fille fut submergée de plaisir, sa respiration devint saccadée et une lueur nouvelle fit briller son regard d'un espoir qu'elle croyait depuis longtemps perdu.*
>
> *Le destin lui fit voir de nouveaux horizons, de nouvelles possibilités et lui fit comprendre l'importance de la vie que les cieux ne nous accordent qu'une seule fois. Tandis que cette enfant de Dieu vivait les moments les plus révélateurs de sa vie, le destin baissa les bras…*

— Je crois que son passage dans notre monde s'est terminé parce qu'elle avait réalisé ce qui devait l'être, croit sa mère. Elle peut être fière d'elle et reposer en paix !

Pour se convaincre que c'est la seule façon d'expliquer le décès de son enfant, Nicole Beauvais relit souvent les textes et les poèmes de Shanelle. Ils contiennent des mots qui semblent émerger d'ailleurs, rédigés par une vieille âme dans un corps d'adolescente, peut-être un ange venu à sa rencontre pour lui transmettre toute sa sagesse et lui faire comprendre qu'il existe plusieurs sortes de vieillesses, pas seulement celle que nous attribuons ordinairement aux gens âgés.

Libre comme l'air

Sur une plage ensoleillée
Sous le ciel étoilé
Dans le sable si doux
Je regarde les nuages

Je m'imagine volant
Me berçant contre le vent
Puis me posant sur une étoile
Je vois la liberté

Au pays où j'habite
L'amour règne, l'amitié vit,
On sent le vent sur notre peau
Le soleil nous illumine

Je me réveillerai sûrement
Mais pour l'instant,
Je rêve à une vie sans cruauté
Où la liberté sera le droit chemin.

Shanelle Maréchal

Je voudrais vivre vieux, très vieux, sans trop de maladies ni de souffrances, et mourir à la maison entouré d'amour, au son de ma musique préférée.

Quand je serai devenu très âgé dans ce siècle épris de vitesse, aurez-vous l'amabilité de respecter ma lenteur dans les allées et aux caisses des épiceries? Serez-vous patient lorsque, au guichet de la banque, je mettrai du temps à sélectionner les indications sur le terminal informatique? Me klaxonnerez-vous quand, au volant de mon véhicule, je lirai attentivement les panneaux de circulation ou les noms des rues écrits en lettres trop petites pour les vieux?

Si j'utilise les transports en commun, me laisserez-vous votre siège aux heures de pointe pour m'éviter de tomber? Aux stations de métro, m'ouvrirez-vous les portes désormais trop lourdes pour mes faibles bras? Me prendrez-vous par la main pour m'aider à gravir les marches du terminus? Lorsque vous me parlerez, prendrez-vous le temps de répéter les choses doucement si j'entends mal, au lieu d'élever la voix comme si vous grondiez un enfant?

Quand je serai malade, je vous promets de tout faire pour ne pas contribuer à engorger les urgences des hôpitaux. Mais si jamais cela se produit, aurez-vous la bonté, mesdames et messieurs les gestionnaires de lits, de ne pas me laisser dans les corridors trop longtemps? Traitez-moi comme si j'étais votre père!

Si, comble de malheur, je me retrouve en centre d'hébergement, je souhaite avoir les meilleures préposées et infirmières, et non pas celles dont le dévouement et la bonté vont en s'amenuisant avec l'absence des membres de la famille. Lors de vos discussions dans ma chambre, veillez à ne pas faire de remarques déplacées, car, malgré mes problèmes cognitifs, il est probable que je comprenne de temps en temps ce que vous direz.

Viendra un jour où je devrai mourir, même si je préfère ne pas y penser. Docteur, moi non plus je ne veux pas souffrir et devenir un poids pour les miens. Ne laissez pas les choses traîner inutilement. Ayez pitié de moi en m'envoyant dans une maison de soins palliatifs digne de ce nom. Ne m'abandonnez pas dans un lit, quelque part dans un hôpital, en vous disant, pour vous donner bonne conscience, que vous ne pouvez rien y faire. Je ne vous croirai pas. Nous pouvons tous faire changer les choses si nous débutons tout de suite.

Dans notre société, nous voulons protéger les plus faibles, à commencer par les enfants. Nous avons même créé une Direction de la protection de la jeunesse pour les préserver des abus. Sans les infantiliser, quand allons-nous nous préoccuper davantage des personnes âgées sans défense ? Quand va-t-on cesser de croire que celles qui tombent dans leur bain ou sur le plancher d'un CHSLD seraient mortes de toute façon ? On condamne ceux qui maltraitent des enfants intentionnellement ou accidentellement. Pourquoi fermerait-on les yeux quand il s'agit de négligence envers nos aînés ? Parce qu'ils n'ont pas la force de faire valoir leurs droits et ne sont plus productifs ? Parce que notre propre vieillesse nous effraie et qu'on glorifie encore et toujours la jeunesse ? Bientôt, selon les tendances démographiques, les personnes âgées deviendront majoritaires dans notre société, et elles détiendront alors un pouvoir qu'on leur refuse encore aujourd'hui. Alors, peut-être y aura-t-il d'importants changements. Entre-temps, de grâce, laissez-nous vieillir !

Suivez les Éditions Libre Expression sur le Web :
www.edlibreexpression.com

Cet ouvrage a été composé en ITC New Baskerville 11,5/14,5
et achevé d'imprimer en septembre 2013 sur les presses
de Marquis imprimeur, Québec, Canada

certifié   procédé sans   100 % post-   archives   énergie biogaz
                chlore   consommation   permanentes

Imprimé sur du papier 100 % postconsommation, traité sans chlore,
accrédité Éco-Logo et fait à partir de biogaz.